基于期权机制的零售商主导型供应链运营策略和协调研究

黄福友 / 著

西南交通大学出版社
成都

图书在版编目（CIP）数据

基于期权机制的零售商主导型供应链运营策略和协调研究 / 黄福友著. —成都：西南交通大学出版社，2023.7

ISBN 978-7-5643-9364-9

Ⅰ.①基… Ⅱ.①黄… Ⅲ.①零售业－供应链管理－研究 Ⅳ.①F713.32

中国国家版本馆 CIP 数据核字（2023）第 113036 号

Jiyu Qiquan Jizhi de Lingshoushang Zhudaoxing Gongyinglian Yunying Celüe he Xietiao Yanjiu

基于期权机制的零售商主导型供应链运营策略和协调研究

黄福友　著

责 任 编 辑	周　杨
封 面 设 计	GT 工作室
出 版 发 行	西南交通大学出版社 （四川省成都市金牛区二环路北一段 111 号 西南交通大学创新大厦 21 楼）
发行部电话	028-87600564　028-87600533
邮 政 编 码	610031
网　　　址	http://www.xnjdcbs.com
印　　　刷	成都蜀雅印务有限公司
成 品 尺 寸	170 mm × 230 mm
印　　　张	9
字　　　数	142 千
版　　　次	2023 年 7 月第 1 版
印　　　次	2023 年 7 月第 1 次
书　　　号	ISBN 978-7-5643-9364-9
定　　　价	50.00 元

课件咨询电话：028-81435775
图书如有印装质量问题　本社负责退换
版权所有　盗版必究　举报电话：028-87600562

前言

众所周知，21世纪的市场竞争已不是企业之间的竞争，而是供应链与供应链之间的竞争，加强供应链上下游之间的合作从而实施供应链一体化管理、增强供应链整体竞争优势，已成为供应链管理的主流意识。在分散化供应链决策中，双重边际效应使得供应链管理决策处于次优状态，无法实现供应链整体效益最大化，这就需要引入供应链契约来实现供应链协调并达到供应链一体化目标。事实上，供应链协调是解决双重边际效应、进一步提高供应链整体绩效和竞争力的重要手段，也是供应链管理的重要内容。

与此同时，随着市场供求关系的转变，消费者在交易过程中具有更多的话语权，处于流通终端、直接面向顾客的零售企业出现了飞跃性的变革，一些巨型零售企业逐渐占据了供应链的领导地位，并成为供应链契约的设计者和主导者。此外，市场环境日趋复杂，产品更新不断加速，产品生命周期不断缩短，市场竞争模式和竞争因素层出不穷，企业不仅要面临较大的需求随机性，还要应对较强的不稳定供应风险，而不同企业面对不确定性风险也呈现出不同的决策偏好行为。那么，在零售商主导的供应链中，面对日益复杂的市场环境，零售商该如何加强与供应商之间的合作、如何优化自身采购和投资策略或引导供应商/制造商优化生产和投资策略、如何协调供应链并合理分配利润？探索解决这些现实问题正是本书选题的背景和研究的初衷。

本书共分为7章。第1章详细阐述本书研究的背景、研究的问题，全面回顾并总结与本研究密切相关的国内外研究成果，进而明确研究的目标和意义。第2章至第6章是本书的核心部分，分别研究了五种常见的市场背景下的零售商主导型供应链协调和运营决策。第 7 章归纳了本书研究的主要工作和结论，并结合现实生活生产实际，提出了将来可继续深入研究的方向。本书的主要创新点有以下三点：

其一，考虑零售商的渠道权利和企业的投资努力行为，从零售商的角度提出了由期权和成本分担构成的组合契约。在期权机制下，供应商承担库存风险但可自由决策生产量并提前获得一部分稳定收益，零售商不仅能够转移库存风险、实现柔性订购，还能刺激供应商生产更多产品来满足不确定的市场需求；引入成本分担可以促使零售商与供应商在投资努力方面加强合作、共同投资以达到集中决策下的最优策略，从而实现供应链协调。

其二，考虑供应商的风险规避行为，运用组合契约研究了三种情景下的零售商主导型供应链运营和协调问题。采用 CVaR 风险度量准则刻画供应商的风险规避行为，分别建立了考虑营销努力、质量和营销努力、质量竞争的零售商主导型供应链期权协调机制，给出了三种情景下的供应链协调策略和 Pareto 改进条件，分析了供应商风险规避等关键因子对供应链最优决策、供应链协调策略以及利润分配的影响。

其三，考虑供应商的损失规避行为，运用组合契约探讨了两种情景下的零售商主导型供应链运营和协调问题。将效用函数分别应用于供应商的销售收益和生产过剩损失两个分离的账户来刻画供应商的损失规避特征，分别构建了考虑质量和营销努力、供需随机的零售商主导型供应链期权协调模型，给出了两种情景下的供应链协调策略和 Pareto 改进条件，探讨了供应商损失规避等关键因子对供应链最优决策、供应链协调策略以及利润分配的影响。

总的来看，本书着眼于供应链的权利结构和企业的投资努力行为，借鉴大型零售企业的实践经验，从零售商主导的视角提出由期权和成本分担构成的组合契约，并重点围绕供需不确定性、风险规避和损失规避、产品质量、市场营销等实务运作情景和重要因素，运用博弈论、行为科学、最优化理论和方法，探讨了五种情景下的供应商/制造商生产决策、产品质量和市场营销水平以及供应链协调策略，提出了对应的管理学见解。本书研究问题来源于实践，不仅可供物流与供应链管理领域的师生和科研人员研究参考，也可供相关企业工作者决策参考。

  本书观点仅为一家之言，难免受学识所限存在不足之处，敬请广大读者批评指正。

黄福友
2023 年 5 月 2 日

目 录

第1章 绪 论 ·· 001

    1.1 研究背景与问题的提出 ··· 001

    1.2 国内外研究现状 ·· 005

    1.3 研究目标与研究意义 ·· 017

第2章 考虑风险规避与营销努力的零售商主导型供应链
       期权协调策略 ·· 019

    2.1 引 言 ·· 019

    2.2 模型描述与假设 ·· 021

    2.3 模型构建与分析 ·· 023

    2.4 数值分析 ·· 038

    2.5 小 结 ·· 040

第3章 考虑风险规避与质量和营销努力的零售商主导型供应链
       期权协调策略 ·· 042

    3.1 引 言 ·· 042

    3.2 模型描述与假设 ·· 043

    3.3 基本模型构建与求解 ·· 044

    3.4 供应链协调模型构建与分析 ·· 048

    3.5 数值分析 ·· 054

    3.6 小 结 ·· 056

第4章 考虑风险规避与质量竞争的零售商主导型供应链
       期权协调策略 ·· 057

    4.1 引 言 ·· 057

4.2　模型描述与假设……………………………………………………058
　　4.3　基本模型构建与分析……………………………………………060
　　4.4　供应链协调策略与利润分配……………………………………067
　　4.5　数值分析…………………………………………………………073
　　4.6　小　结……………………………………………………………077

第 5 章　考虑损失规避与质量和营销努力的零售商主导型供应链
　　　　　期权协调研究………………………………………………………079
　　5.1　引　言……………………………………………………………079
　　5.2　模型描述与假设…………………………………………………079
　　5.3　基本模型构建与分析……………………………………………082
　　5.4　供应链协调策略与利润分配……………………………………086
　　5.5　数值分析…………………………………………………………093
　　5.6　小　结……………………………………………………………095

第 6 章　考虑损失规避与供需随机的零售商主导型供应链
　　　　　期权协调研究………………………………………………………097
　　6.1　引　言……………………………………………………………097
　　6.2　模型描述与假设…………………………………………………098
　　6.3　模型构建与分析…………………………………………………99
　　6.4　拓展分析…………………………………………………………105
　　6.5　数值分析…………………………………………………………109
　　6.6　小　结……………………………………………………………112

第 7 章　结论与展望……………………………………………………………114
　　7.1　结　论……………………………………………………………114
　　7.2　展　望……………………………………………………………117

参考文献……………………………………………………………………………118

第 1 章　绪　论

1.1　研究背景与问题的提出

1.1.1　研究背景

随着经济全球化信息化的加速发展，我国的经济增长方式已悄然发生变化，从以前的粗放型增长转化为集约型增长，企业的定位随之发生变化。以前，企业往往倾向于打通产供销一条龙产业链，当企业发现上游行业利润高时就投入资金进入上游与供应商争利，当企业发现下游经销商效益可观时就派出人力物力抢夺下游企业的市场。如今，很多企业定位在某一专业领域成为行业领头羊，这类企业逐渐成长为供应链上的核心企业，这样的改变使得企业之间的竞争转化为供应链之间的竞争，整条供应链上的资金、技术、市场、管理水平等要素形成的整体实力决定了供应链的综合竞争力。此外，在经济全球化信息化的大趋势下，企业生存环境发生了巨大变化，市场环境的复杂性和不确定性增加，客户需求层次不断升级和多样化，产品生命周期变得越来越短，行业竞争日趋激烈，企业意识到必须运用供应链管理这一利器来提高自己的竞争力和整体优势。事实上，国外学者对于供应链管理形成了比较一致的共识，认为供应链管理已成为企业创造竞争优势的核心战略，帮助企业实现从供应到营销的全流程管理，扩展了企业的边界，强化了上下游企业间的合作。从内涵上讲，供应链管理就是企业利用信息技术手段，对业务流程进行再造和集成，帮助企业与供应商和客户建立协同的业务伙伴关系，实现内外资源的有效控制和调配，提升企业竞争力。从运作层面来看，供应链管理实施"一体化集成"模式，把供应链上的节点企业作为一个整体网络，集成从供应商到最终用户全过程中的采购、制造和分销等职能领域，通过横向和纵向一体化协作，实现供应链整体效益最大化。

在供应链管理研究中首要解决的一个关键问题就是明确供应链各个节点企业之间的关系。由于供应链各节点企业之间往往存在信息不对称性,那些在销售市场上具有垄断力量的零售商或者垄断了生产技术的制造商在供应链内部的交易过程中通常会制定更有利于自身的运作决策。在传统的生产销售模式中,制造商因为控制了生产所需的原料和技术,成为供应链的主导力量,在整个流通环节中处于支配地位。例如,汽车制造企业可以自由地选择各个地区的经销商,并控制和决定着市场的销售价格,而经销商影响销售价格的能力相对较小,且主要是通过自身的营销努力来增加销售量,从而增加自身的收入。进入 21 世纪后,随着市场需求个性化和快速多变的趋势越来越明显,以及流通产业的快速发展和现代通信技术的突飞猛进,处于流通终端、直接面向顾客的流通企业出现了飞跃性的变革。商品流通的变化不仅仅体现在规模的急剧增大,同时在样式和渠道等多个方面也都表现出不断增加的趋势,市场供求关系也由卖方市场逐渐转变为买方市场,呈现出"供大于求"的局面,消费者在交易过程中具有了更多的话语权。与此同时,随着零售企业规模的扩大和组织形式的不断创新,加之电子商务和物流业的快速崛起,连锁超市、连锁便利店等大规模的实体零售企业以及以信息技术和物流为支撑的大型电商企业得到了迅速发展,如沃尔玛、家乐福、京东、苏宁、国美等企业。零售企业的变化不仅体现在销量和规模方面的快速提高,还体现在其借助完善的信息网络和先进的信息技术手段可以掌握即时且丰富的市场信息,能够系统全面地了解市场的需求和未来的发展方向,并引导制造商的生产和相关供应商的经营活动。于是,在当今的许多行业中,传统的供应商或生产商主导地位已经逐渐被零售商所取代,形成了以零售企业为核心的垂直的或多向的供应链合作关系。那么,研究零售商主导下的供应链管理问题就具有十分重要的现实意义。

在零售商主导型供应链中,零售商熟悉市场需求并具有一定的信息优势,控制着主要的销售渠道,对产品价格的制定具有更多的决定权[1]。在交易过程中,大型零售企业常常利用自身的强势地位侵占供应商的利益。例如,尽可能地压低供应商的批发价格、拖欠供应商的货款以及迫使供应商交纳陈列费或促销费等额外费用来增加自身利润,其中,压低产品的批发价格最为常见。然而,过低的批发价格往往导致零售商和供应商之间的矛盾加剧，这样的合作方式是不长久的。与此同时，由于双重边际效应的存在，供应链整体利润也无法实现最大化。面对这种窘境，零售企业意识到加强供应链之间的深度合作能够在保证供应商利润不受侵占的前提下提高自身利润并实现供应链整体利润最优。实践中，商务部流通业发展司《2017—2018年中国百货零售业发展报告》指出，与供应商或品牌商展开深度合作的零售企业占到总调查企业数的72.8%。事实上，加强供应链之间的深度合作，零售企业能够有效整合供应链产业集群的资源与能力并进行协同改进，大幅度地提高供应链整体竞争力，实现供应链协调，进一步获得双方总体利润的帕累托优化。也即是说，供应链协调是零售企业进一步提高供应链整体绩效和竞争力的关键问题，也是零售商主导型供应链管理的重要内容。

在实践中，随着社会经济水平的不断提高，消费者对产品质量和顾客服务都提出了更高的要求，与此同时，提高产品质量和顾客服务已成为企业扩大市场需求和抢占市场份额的重要竞争手段，并且越来越多的企业都意识到加强产品质量和顾客服务方面的合作有助于提高供应链整体绩效和竞争力。因此，研究考虑产品质量和顾客服务投入下的零售商主导型供应链管理和协调问题则显得尤为必要。此外，在实务运作中，供应链除了要面对不确定的市场需求外，还要面对生产的不确定性导致的供应随机性。例如，在半导体行业，生产过程的复杂性和产品规格的严格性（空气洁净度、空气温湿度和加工时间等因素都会直接影响芯片质量），导致最终产品的产出具有极大的随机性[2]；在农业方面，受温度、湿度、光照、施肥、虫害、种植技术等因素的影响，农产品的产出常呈现较强的随机性，同时以农产品为原料的生产商也相应地面临着原材料采购和产成品供应的不确定性风险[3]。在不确定的市场环境下，企业无法精确预测产品的产出量和市场需求，供需不匹配问题时常发生，且这种不匹配性通常会给企业带来一定的风险损失。当产出量大于市场需求时，会发生库存积压损失；当产出量小于市场需求时，则会导致缺货风险，降低顾客满意度并削弱其市场竞争力。因此，企业在选择更加灵活且具有柔性的运作策略时还要考虑自身的风险偏好问题。比如，因为害怕风险而具有风险规避特性的供应链成员通常会选择较为保守的决策行为；相反，风险喜好的成员企业则通常追逐高风险和高收益。

如前所述，供应链管理的宗旨是实现供应链系统中各成员之间的协调和优化。在供应链管理和协调模式下，企业之间建立战略合作伙伴关系，强调相互之间的信任与合作，实现互利共赢。那么，在零售商主导的供应链中，面对日益复杂的市场环境，探讨零售商如何加强与供应商之间的合作、优化供应链生产/采购策略和投资策略、最终实现供应链协调和利润分配，已成为零售商主导型供应链管理的关键问题，具有重要的现实意义。

1.1.2 问题的提出

一般地，供应链契约是实现供应链协调的主要方法[4]。所谓供应链契约，就是通过提供合适的信息和奖励办法，保证供应链各成员之间实现协调，优化销售渠道绩效的有关约定。设计供应链各成员都能接受的供应链契约参数，可加强供应链成员之间有效的合作，进而实现风险共担和供应链整体利润最大化，最终使整个供应链系统达到完美的协调。其中，比较常见的供应链契约机制有收益共享契约[5]、回购契约[6]、数量弹性契约[7]、数量折扣契约[8]和销售返利契约[9]等。近年来，金融衍生产品在供应链管理中的应用越来越普遍，越来越多的学术研究和管理实践者将金融衍生产品中的期权引入供应链管理[10-11]。在供应链管理和协调中，期权作为一种供应链契约形式拥有着自身独特的优点：期权契约能够帮助零售商实现柔性采购从而规避库存风险，同时上下游企业可以借助期权购买量或期权费用有效实现风险共担。在零售商主导型供应链中，零售商是期权契约的设计者和提供者，供应商根据零售商提供的期权契约和对市场需求的预期决定产品生产量并持有库存，同时零售商需要向供应商支付每单位产量的保留费用（即期权费用）来共同分担市场风险；在销售开始后，零售商根据自身所面临的实际市场需求情况，通过再向供应商支付一定量的单位费用（即期权执行价格）进行商品采购来实现供应链系统运作过程中的供给弹性或柔性采购，从而提高供应链系统对实际市场需求的满足度，实现供应链协作过程中的风险共担和收益共享。在实践中，零售巨头苏宁正是采用这种期权契约机制来协调和管理供应链，苏宁不仅能协调其供应商的生产量以使得苏宁能够更好地满足不确定的市场需求，而且还能提高供需各方的利润，最终实现了供应链双方的共赢[12]。

需要注意的是，当前市场环境日趋复杂，市场竞争模式和竞争因素层出不穷，供应链不仅面临不确定的市场需求，而且还面临着产品供应的随机性，供应链节点企业面对不确定性风险呈现出不同的决策偏好行为。也就是说，复杂环境下的零售商主导型供应链管理和协调策略研究显得尤为迫切，具有重要的现实价值。然而，从已有研究来看，还未有学者系统性地研究复杂环境下的零售商主导型供应链管理和协调策略以及期权契约机制在复杂环境下的有效性。

因此，本书以零售商主导型供应链为研究对象，针对几种常见的市场环境，借鉴大型零售企业的实践经验，采用期权契约机制来探讨供应链运营管理策略（包括生产策略、营销策略、质量投资策略和供应链协调策略），需要解决的主要问题如下：

（1）引入期权机制后，供应链运作会发生怎样的改变？单一的期权契约在复杂环境下能否有效协调供应链？若不能，如何基于期权改进契约？如何优化供应链生产策略、营销策略和质量投资策略，从而实现供应链协调？如何分配供应链整体利润？

（2）供应链节点企业的决策偏好行为对供应链生产策略、营销策略和质量投资策略会造成怎样的影响？会如何影响契约设计和利润分配？

（3）供应不确定或竞争环境下供应链生产策略、营销策略和质量投资策略会发生怎样的改变？供应链能否实现协调？

1.2　国内外研究现状

随着市场供求关系的改变，传统的以制造商或供应商为主导的供应链模式逐渐转变为以零售商为主导的供应链模式，零售商主导型供应链的管理和协调策略研究引起了学者们的广泛关注。在实践中，金融衍生产品在供应链管理中的应用越来越普遍，一些企业管理者将金融衍生产品中的期权机制以契约的形式引入零售商主导型供应链管理中，取得了良好的成效。此外，由于市场环境复杂多变，市场竞争日趋激烈，供应链节点企业通常会加大产品质量投入以及包括售前售后服务、产品陈列、销售促销以及广告等一系列能够增强顾客购买意愿的营销努力来扩大市场需求和抢占市场份额。与此同时，针对由生产、需求等不确定性引起的供需不匹配风险，企业管理者持有不同特征的决策偏好行为，比如风险规避特征和损失规避特征。因此，与本书研究内容密切相关的研究成果主要包括：（1）零售商主导型供应链研究；（2）期权契约的应用研究；（3）有关产品质量和营销努力的供应链管理研究；（4）关于供应不确定性的供应链管理研究；（5）基于决策偏好行为的供应链管理研究。

1.2.1　零售商主导型供应链研究

随着买方市场的地位和权利不断加强，越来越多的学者逐渐将研究视角从制造商或供应商主导型供应链转移到零售商主导型供应链。通过对已有研究成果的整理和总结发现，目前关于零售商主导型供应链管理的研究大多集中在零售商主导型供应链的成因探索、市场效率分析和协调研究等三个方面。

在零售商主导型供应链的成因探索方面，学者们从不同视角进行了剖析。例如，Inderst 和 Wey[13]从供应商的角度分析认为，零售商主导型供应链的形成在一定程度上源于供应商有限的生产能力与生产成本的限制。Crook 和 Combs[14]从资源依赖理论的角度认为零售商主导地位的形成源于零售商对核心资源的掌握。Schumacher[15]、Fee 和 Thomas[16]则认为零售商规模的扩大是零售商主导型供应链形成的原因，零售市场的集中度越高，零售商形成的买方势力效应就越明显，并具有越大的话语权。在国内，周勤和朱有为[17]通过对比分析制造业与商业的总量关系，认为我国工商关系已经进入以商业为主导的时期，且在许多产业链中零售商利用买方优势对制造商形成了较强的纵向渠道控制。赵玻和张莉[18]借用双边谈判理论分析认为，外部选择价值决定纵向关系中交易双方各自的议价能力，而规模以及作为产品进入市场的"守门人"角色则是零售商主导地位形成的又一个主要来源。

在零售商主导型供应链的市场效率分析方面，Benton 和 Maloni[19]认为零售商的买方优势对供应链绩效和供应链满意度都有着积极的影响。于晓霖和周朝玺[20]实证研究了渠道权力结构对供应链协同绩效的影响，并揭示零售商主导型供应链在供应链协同效应方面越来越差。韩敬稳[21]在有限理性视角下研究了主导零售商的买方势力行为，深入分析了零售商的买方势力行为对零售商、供应商以及供应链绩效的影响。在福利效应方面，学者们在不同的视角下有不同的结论，存在一定的争议。例如，Inderst 和 Wey[13]认为买方优势的出现能够促进供应商降低边际成本并增加产量，形成较高的福利效应。王再平[22]从福利经济学理论的角度也认为，零售商形成的买方优势有利于社会成本的节约以及制造商垄断力的降低。而 Battigalli 等[23]则认为买方优势在一定范围内有助于零售商提高产品质量，但当买方势力超出一定范围时将会影响上游供应商的利益，从而打破供应链平衡。Raff 和 Schmitt[24]指出买方优势会导致零售业的过度集中，进而导致较高的零售价格和较低的社会福利效应。赵玻[25]也认为零售商的主导优势在一定条件下对社会福利具有消极的影响。

供应链协调是供应链管理的主要内容，也是学者们热衷的课题。目前，关于零售商主导型供应链协调的研究已有了较为丰富的研究成果。例如，Raju 和 Zhang[26]针对零售商主导型供应链，运用两部定价机制和数量折扣契约研究了供应链协调问题。Li 和 Zhang[27]指出信息共享的集中决策能够协调零售商主导的供应链，并能使供应链各方获得较高的利润。Hua 和 Li[28]针对一个简单的二级供应链，在需求随机条件下研究了零售商与供应商之间的合作博弈问题，研究表明，当零售商的订货量对批发价格敏感度较高时，零售商的主导性就会较强，此外，零售商的话语权随着市场需求不确定性的增加而降低。Hsieh 和 Wu[29]研究了由一个零售商和两个供应商组成的供应链协调问题，指出供应链成员的协调合作程度决定了供应链的运行效率。Chen 和 Xiao[30]假定市场需求会受到供应链成员合作程度及市场价格等因素的影响，研究了由一个制造商、一个占主导地位的零售商和若干中小零售商组成的供应链协调问题。Pan 等[31]假定市场价格呈现下降趋势，研究了随机需求下占主导地位的零售商的两阶段订货模型。Lau 等[32]在制造商成本信息私有条件下运用价格和数量折扣契约研究了零售商主导型供应链协调问题。易余胤[33]针对由一个供应商、一个第三方回收方和两个相互竞争的零售商构成的闭环供应链，深入分析了零售商主导下的闭环供应链协调机制。陈菊红等[34]假定制造商具有下行风险，运用收益共享契约和风险共享契约研究了零售商主导型供应链协调和 Pareto 改进问题。蔡洪文[35]针对由一个供应商和一个占主导地位的零售商组成的两级供应链，采用期权契约来协调零售商和供应商的竞合关系，并考虑了价格因素、创新投入以及广告投入对供应链期权契约的影响。更多关于零售商主导型供应链的研究可见参考文献[36-42]。

1.2.2 期权契约的应用研究

期权作为一种重要的金融衍生产品，其本质上是一种契约，它赋予期权的出售方和购买方不同的义务和权利。对于期权的出售方而言，只有履行契约的义务而不享有权利，当期权买方选择行使自己购买产品的权利时，期权的出售方必须按照合同规定的价格将商品出售给期权购买方，但期权的出售方能够事先获得一笔期权费；对于期权的购买者而言，其在期权执行日有权利选择行使或放弃购买产品的权利而没有义务，但期权的购买者必须事先支付一定的期权费。自 Ritchken 和 Tapiero[43]最早在库存采购管理的研究中为规避产品价格和数量波动风险引入了期权契约机制后，国内外许多学者逐渐认识到期权契约具备良好的灵活性和风险共担性，并不断引入供应链管理的研究中。期权契约要求零售商必须提前支付一定的费用来获得产品的购买权，零售商在观测到真实的市场需求信息后再选择是否执行期权并确定执行量。从已有文献来看，期权契约在供应链管理中的应用研究主要分为两大类：采购决策和供应链协调。

（1）在采购决策方面，Wu 等[44]将期权契约用于供应链的灵活采购合同中，解决了市场需求和价格波动给供应链合作双方带来的风险问题。Cachon 和 Lariviere[45]在需求服从正态分布的情况下将期权运用到远期合约模式中，通过建立信号博弈模型，解决了在信息对称和信息不对称两种情况下由一个供应商和一个零售商组成的二级供应链的需求预测共享问题。Kamrad 和 Siddique[46]通过建立数学模型，验证了供应链在引入期权契约后供应商和零售商都可以从中获益，通过利润共享发现，虽然零售商的利润变化不大，但是供应商利润的增加使得供应链整体的利益有所增加。参考文献[47-51]进一步考虑了资金约束、现货市场、随机生产等因素，建立了相应的期权采购决策模型。在国内，宁钟和戴俊俊[52]将期权契约引入供应链中用于分散供应链成员的风险，在市场需求不确定的情况下建立了由一个供应商、多个零售商的供应链决策模型，得出了在此情况下供应商的最优生产策略和零售商的最优订购策略。雷丽彩和周晶[53]建立了一个由风险中性的供应商和风险规避的零售商组成的两级供应链的Stackelberg博弈模型，并给出了占主导地位的供应商的期权定价策略和占从属地位的零售商的最优购买策略。吴英晶等[54]考虑具有资金约束的零售商，分析了看跌期权、看涨期权和双向期权契约下零售商融资的最优策略。李绩才等[55]通过引入刻画零售商风险态度的谱风险测度，分析了期权契约机制下具有不同风险偏好的零售商的最优订购策略。慕银平等[56]将期权采购与预售相结合，并同时优化实物产品和期权的采购数量以及预售折扣来降低市场波动所带来的风险。田军等[57]运用期权契约研究了政府主导的应急物资采购问题。尤晓岚等[58]研究了考虑期权和B2B电子交易相结合的供应链均衡策略问题。夏雨和方磊[59]针对B2B市场中期权合同在到期日前的可再次交易性，以资金约束的零售商为研究对象，分别构建无融资和有融资两种情形下零售商的收益模型，分析B2B市场中期权合同的可再次交易性对资金约束的零售商最优采购策略的影响。唐振宇等[60]在传统供应链和B2B电子市场共存的情况下引入双向期权契约研究了供应链成员企业在突发事件影响终端需求下的最优决策，并探讨了契约参数的变动及市场需求波动对供应链成员企业期望利润的影响。

（2）在供应链协调方面，Barnes-Shuster等[61]针对一个两阶段的供应链，采用期权的思想研究了需求具有相关性的供应链协调问题。Wang和Liu[12]针对一个占主导地位的零售商和一个供应商组成的二级供应链，采用期权契约研究了供应链协调和风险分享问题，研究结果表明，通过期权供应链能够实现协调。Zhao等[62]从合作博弈的角度引入期权契约研究了供应链的协调问题，与批发价格契约相比，供应链不仅能够实现协调，还能实现Pareto改进。进一步，Zhao等[63]引入双向期权契约研究了供应链协调问题。Sarmah等[64]运用期权契约研究了由单个制造商和多个零售商组成的供应链协调问题。Liu等[65]证明了期权契约在快递服务供应链协调中的有效性，其中销售季节包括常规销售期和线上销售期两个阶段。Cai 等[66]引入期权契约研究了零售商占主导地位的 VMI 供应链协调问题，结果表明，期权契约特别适合零售商占主导地位的供应链，并能使供应链同步实现供应链协调和 Pareto 改进。Cai 等[67]还针对产出随机的情形建立了相应的供应链期权协调模型。在国内，郭琼和杨德礼[68]在 B2B 电子市场和传统契约市场并存的情形下采用期权契约研究供应链协调时各成员的最优策略。马士华等[69]建立了零售商的订购量受上游供应商的生产能力限定的数学模型，发现期权契约能使供应商降低自身的生产经营风险并增加收益，同时也使零售商可以获取其他供应商的货源，以保证满足市场的需求，最终实现供应链利益的协调。胡本勇等[70]针对生产提前期长、销售季节短、市场需求不确定性大的一类产品，建立了基于销量担保的两级供应链期权契约模型。吴忠和等[71]研究了单一供应商和单一零售商组成的供应链在期权契约下的应急协调问题，证明了稳定条件下的期权契约能够实现该供应链的协调，当突发事件导致随机市场需求分布函数和制造商生产成本同时扰动时，通过调整期权契约能够实现对突发事件的协调应对。进一步，尚文芳等[72]建立了考虑需求预测信息更新的三阶段期权协调机制。此外，孙国华和许垒[73]、胡本勇和陈旭[74]在供需不确定的环境下，分别构建了基于期权的血液供应链决策模型和农产品供应链决策模型。

1.2.3 有关产品质量和营销努力的供应链管理研究

随着社会经济的发展以及居民收入水平的提高，消费者对产品质量和顾客服务水平的要求越来越高。质量作为衡量产品优劣的一个重要维度，已成为影响顾客购买行为的第二个重要因素[75]。在销售过程中，企业通过营销努力来提供优质的顾客服务也能增加消费者对产品的购买意愿[76]。一般地，产品质量水平和营销努力水平越高，市场需求就越大。同时，产品质量水平和营销努力水平越高，所需投入成本也就越大。那就是说，产品质量投资和营销努力作为企业扩大市场需求、改善供应链运营绩效的重要手段，并不是投入越多越好，对供应链整体协调管理水平也提出了更高的要求。现有绝大多数研究分别从产品质量和营销努力单方面来考虑供应链管理问题[77-105]，少部分学者同时考虑了产品质量和营销努力[106-110]。例如，Zhu 等[77]针对零售商和供应商在向客户出售不合格产品时双方共同承担的客户商誉和未来市场份额损失的成本,探讨了供应链中不同参与方在质量改进中的作用。Chao 等[78]认为可由制造商和供应商共享因产品质量问题引起的产品召回成本以促进质量改进工作。Tapiero[79]在考虑消费者风险的条件下,研究了供应链协调时的产品质量水平选择博弈模型。Xie 等[80]在需求随机的国际贸易中探讨了按订单生产的供应链产品质量和价格决策问题。刘志云和樊治平[87]同时考虑零售商的损失规避特征与产品质量水平,对比分析了分散供应链情形和集中供应链情形下供应链的最优策略,并采用回购—质量成本分担契约研究了供应链协调策略问题。胡军等[88]分析了线性需求条件下考虑质量控制的供应链,研究表明传统的批发价格契约不能实现供应链协调,而奖励惩罚契约、特许经营契约和收益共享契约均能实现供应链协调。陈章跃等[89]建立了由一个制造商和一个独立的再制造商以及一组策略型顾客组成的闭环供应链模型,利用动态博弈理论分析了由独立的再制造商负责回收旧产品并进行再制造时顾客策略行为和再制造品的质量水平对产品价格、利润、消费者剩余的影响。根据四阶段 Stackelberg 动态博弈分析,朱立龙等[91]研究了创新驱动下三级供应链中的分销渠道决策和产品质量控制问题。在农产品生产过程中,但斌等[92]在考虑产量及质量同时受天气与努力水平影响的条件下建立了农产品供应链随机利润模型,分析天气对最优决策的影响,并设计了一种与天气指数相关的"风险分担+回购"组合式契约。

在营销努力方面,Liu 等[95]研究了营销和库存联合决策下补给可靠性对零售商利润的影响,给出了企业如何通过新技术制定投资策略而改善产品供给可靠性的策略。Sana[96]在一个简单的二级供应链中,分析了市场需求受营销努力干扰条件下的最优策略问题,提出了一个确定渠道最优契约参数的分析方法。Cárdenas-Barrón 和 Sana[97]构建了需求受促销努力影响的双层供应链和多产品经济订货批量库存模型,指出在任意供应链中,促销努力对于销量的提高起着至关重要的作用。Sayadi 和 Makui[98]基于差异化博弈理论构建了零售商和制造商之间的竞争模型,分别探讨了线上线下渠道的广告决策,研究表明,产品与网络营销的兼容性因素、制造商的在线价格和批发价之间的差异、广告的有效性、边际利润和广告成本都对广告均衡决策有着重要的影响。Taylor[99]在市场需求受零售商销售努力影响的条件下，采用销售回扣契约和退货契约研究了渠道协调策略。在考虑制造商和零售商都提供价格折扣的情况下，Yue 等[100]研究了供应链的定价和广告投入问题，发现制造商主导的情形相较于双方权力对等的情形对制造商更有利。徐最等[101]针对由一个供应商和一个零售商构成的二级供应链，假定市场需求是随机的且受到销售努力水平的影响，指出回购契约不能协调供应链，探讨了批发价格和回购价格对零售商的期望利润的影响，最后提出了两种限制性回购契约来研究供应链协调问题。侯玉梅等[102]考虑供应商的促销行为，指出采用回购—促销成本分担契约能够实现供应链协调并在供应商与零售商之间可实现利润的任意分配。由于双边道德风险的存在，在供应链联合促销中供应链双方都有强烈的"搭便车"行为，孟卫东等[103]采用纳什谈判解建立了供应链联合促销的相互激励模型，并考察了最优线性合约的存在性。在线上线下同时存在价格和广告竞争的情境下，陈国鹏等[104]建立了双渠道供应链的价格折扣和广告需求模型，分析了渠道结构对价格折扣水平的影响，还探讨了价格折扣变化对合作广告决策的影响。

此外，Ma 等[106]、Song 等[107]、Gurnani 和 Erkoc[108]、何娟等[109]假定市场需求同时受产品质量和营销努力的影响，运用不同的供应链契约考察由一个制造商/供应商和一个零售商组成的二级供应链协调问题。石岿然等[110]进一步考虑双边不确定的情形，研究了供应链双方的质量投资决策、销售努力决策、定价策略以及成本分摊比例问题。

1.2.4　关于供应不确定的供应链管理研究

在农业[3]、电力[111]、半导体[112]等多个行业中，企业不仅需要面对需求的随机性，还遭受着不确定的供应或产出，随机供应和随机需求情形下的供应链管理和协调问题引起了学者们的高度重视[113-114]，涌现出一批优秀的研究成果。

Yang 等[115]假定供应商具有不同随机产出水平和产品价格，在随机需求下研究了下游企业的供应商选择和采购决策问题。针对农业生产过程中的随机产出特征，Kazaz 和 Webster[116]探讨了产出依赖的交易成本对销售定价和生产计划的影响。由于随机产出影响供应链的生产决策和供应链绩效，He 和 Zhang[117]针对由单供应商和单零售商组成的二级供应链研究了供需不确定下的风险分担契约设计问题，分别提出了几种风险分散契约来分担随机产出风险并提高供应链绩效。进一步，在供需不确定的条件下，针对由单供应商、单制造商和单零售商组成的三级供应链，He 和 Zhao[118]提出了由制造商与零售商之间的回购契约和制造商与供应商之间的批发价格契约相结合的三级供应链协调机制。Chen 和 Yang[119]在一个二级供应链中，其中供应商具有生产随机性，且零售商也可以从紧急备用供应商处采购产品来弥补缺货，在随机需求下研究了采购决策和渠道协调问题。Hu 等[120]也在供需不确定条件下研究了柔性采购和供应链协调问题。此外，在确定性市场需求的条件下，针对由一个装配制造商和多个零部件供应商组成的供应链，其中供应商在零部件供应方面存在随机产出特征，Gurnani 和 Gerchak[121]提出了两种惩罚机制研究了供应链协调问题。进一步，在产出和市场需求均不确定的情况下，Güler 和 Bilgiç[122]研究了由一个制造商和多个供应商组成的供应链协调问题。

在国内，凌六一等[123]在供需不确定的农产品供应链中，研究了多种风险共担合同（风险无共担合同、需求风险共担合同、产出风险共担合同、产出-需求风险共担合同）对供应链各个节点以及供应链整体利润的影响。冯颖等[124]针对供应商、TPL 服务商和零售商组成的农产品三级供应链，建立了随机产出与随机需求情形下供应商强主导、TPL 服务商弱主导的三方序贯非合作博弈模型。马利军等[125]针对由一个风险中性的供应商与一个损失厌恶的零售商组成的两级供应链，在供需均不确定的条件下采用提前支付策略研究了零售商的采购决策问题。高佳和王旭[126]在同时面临随机产出和随机需求的供应链中引入承诺契约，在考虑紧急采购的情况下建立了多重不确定关系型供应链决策模型。王丽梅等[127]引入现货市场，探讨了现货供应的不确定性和销售商的风险规避态度对于采购策略的影响。为分析供应链运作机制对降低随机产出和随机需求的影响，于建红等[128]在 MOI 和 VMI 两种模式下研究了两供应商—单制造商系统的供应链协同模型。赵霞等[129]针对产需随机条件下由单供应商和单生产商组成的二级供应链，研究了供应商的农资投入、生产商的原料采购以及供应链协调问题。张文杰和骆建文[130]在产需随机的两级供应链系统中，采用基于数量承诺的供应链期权契约研究了最优生产与订货决策问题,并分析了关键参数对供应链决策及运作绩效的影响。

1.2.5 基于决策偏好行为的供应链管理研究

在大多数供应链管理研究文献中,决策者通常被假定是风险中性的,其目标是实现期望利润最大化或期望成本最小化。然而,随着供应链中不确定性因素的增加,企业决策者除了关注自身的期望利润更在乎企业所面临的潜在风险或损失,也就是说,风险中性的假设已不适应新环境下的供应链管理。事实上,大量实验研究和实务观察表明,企业的实际决策行为总会偏离风险中性的假设,表现出风险规避或损失规避的特征[131-136]。因此,越来越多的学者将企业的风险规避或损失规避行为引入供应链管理和协调研究中,取得了丰富的研究成果。

在考虑风险偏好的供应链管理研究中,大多假定决策者是风险厌恶或风险规避的,主要是利用风险度量准则或方法对企业的风险规避行为进行刻画,分析风险规避行为和风险规避程度对供应链生产/订购决策和供应链协调策略的影响。例如,Agrawal 和 Seshadri[137]利用期望效用函数分别研究了风险厌恶型报童零售商的库存采购以及产品定价和采购联合决策问题。Wu 等[138]则利用金融领域中得到广泛应用的均值方差、均值半方差等方法来刻画收益和风险,进一步分析风险厌恶型报童零售商的决策行为。Özler 等[139]在 VaR(在值风险)约束下探讨了多个季节性产品的报童决策问题。Chen 等[140]则利用 CVaR(条件风险价值)准则研究了风险厌恶报童零售商的定价和库存联合决策问题。Yang 和 Xu[141]、Hsieh 和 Lu[142]又借助 CVaR 对由风险中性的供应商和风险厌恶型零售商组成的供应链系统的协调问题展开了分析。Qiu 等[143]应用 CVaR 风险度量准则探讨了需求信息不完整的报童模型,给出了离散椭球分布和离散界约束分布下的鲁棒库存决策。Xue 等[144]在 CVaR 准则下,考察报童通过购买看跌期权以对冲低需求的风险,进而制定出最优库存策略和最优套现保值策略并实现利润最大化。在国内,代建生和孟卫东[145]同时考虑销售商的风险规避特征和联合促销行为,在 CVaR 准则下采用回购契约研究了二级供应链的协调问题。李绩才等[146]考虑广告投入对市场需求的影响,在 CVaR 准则下建立了广告投入与订货量联合决策模型，研究了风险厌恶型零售商在此市场环境下的最优广告投入与订货策略。林强等[147]在随机弹性需求条件和 CVaR 准则下，针对由风险规避零售商和风险规避供应商组成的二级供应链，采用收益共享契约建立了供应链决策模型并分析了节点企业的最优决策行为。王新辉和汪贤裕[148]假定供应商和销售商分别拥有私人的生产成本信息和销售成本信息，针对由风险规避销售商组成的二级供应链，采用均值-方差方法建立了非对称信息下的供应链模型并探讨了供应链协调问题。简惠云和许民利[149]以批发价格契约和收益共享契约为例建立了零售商的最优订购决策模型，研究发现，基于 CVaR 模型构建的回归方程能很好地拟合实验数据，零售商具有显著的风险规避特征，同时 CVaR 决策工具能显著减小订购量的决策偏差并有助于减小订购量的波动程度。陈宇科等[150]针对含有风险规避零售商的三级闭环供应链，采用均值-CVaR 度量构建了刻画零售商风险特性的数理模型，研究表明均值-CVaR 比 CVaR 准则更能提高零售商的订货量和利润。李荣和刘露[151]同时考虑了企业的风险态度和资金约束问题，在 Mean-CVaR 准则下建立双层规划博弈模型，探究了使用延期支付融资时各企业风险态度对其最优决策及整个供应链和各企业利润的影响。

在考虑损失偏好的供应链管理研究中，基本上是从 Kahneman 和 Tversky[152]所提出的前景理论出发，假定企业是参考依赖和损失规避的。面对同样规模的收益和损失，损失规避的企业对损失更加敏感。现阶段的研究也主要是分析损失规避行为和损失规避程度对供应链生产/订购决策和供应链协调策略的影响。Schweitzer 和 Cachon[131]借助经典的报童模型，利用分段线性函数研究了损失厌恶型经销商在不考虑缺货惩罚时季节性产品的最优订购批量问题，并着重考察了经销商的损失厌恶程度对最优订购量的影响。在上文的基础上，Wang 和 Webster[153]假定企业存在缺货惩罚成本，深入探讨了损失厌恶型企业的最优订购决策问题。进一步，Wang[154]考察了由多个损失厌恶型零售商组成的竞争性报童问题，研究表明，零售商数目越多，最优订购量越大，且最优订购量随着损失厌恶程度的增加而减少。此外，Wang 和 Webster[155]针对含有损失规避企业的供应链，采用利润/损失共享-回购契约（Gain/Loss Sharing and Buyback）研究供应链协调问题。Deng 等[156]进一步扩展到零售商的损失厌恶程度为私有信息的情形。Ma 等[157]在企业拥有两次订货机会与需求信息更新的前提下继续考察了损失厌恶零售商的订货决策问题。Liu 等[158]研究了具有不同损失规避程度的两竞争零售商的订购决策问题，研究显示，零售商的最优订购量随着自身损失规避系数的增加而减小，随着竞争程度的增加而增加。在国内，孙玉玲等[159]在库存能力约束下考察了损失规避型零售商的农产品订购策略问题，并探讨了库存约束和损失规避度等重要参数对最优订购量的影响。张桂涛等[160]分析了损失规避零售商的多期多产品供应链网络均衡问题。顾波军和张祥[161]针对由一个风险中性的供应商和一个损失规避的零售商组成的二级供应链，采用收益共享契约研究了供应链协调问题并分析了零售商的损失规避程度等关键参数对最优订购量、契约参数以及供应链成员收益的影响。曲优等[162]同时考虑供应链成员公平关切与损失规避行为，构建考虑成员行为偏好和需求转移的混合双渠道供应链订购模型，并分析了零售商损失规避与公平关切行为对最优订购决策的影响。

1.2.6 研究现状总结

早期的供应链管理和协调研究以及期权契约的应用研究大多是从供应商的角度出发，认为供应商是供应链的主导者和供应链契约的制定者。随着市场供求关系的转变和大型零售企业的快速发展，传统的供应商主导地位在许多行业中逐渐被零售商所取代，期权契约在零售商主导下的供应链管理和协调研究得到了部分学者的高度重视并取得了重要的研究成果，但这些研究大多是在风险中性、完美供应、无竞争等市场环境的假设条件下进行的。当前，市场环境日趋复杂，市场竞争日益激烈，目前的研究成果已无法适应新形势下零售商主导型供应链管理。例如，为扩大市场需求、提高供应链整体绩效，产品质量改进和营销努力已被大多数企业作为重要的竞争手段，与此同时，不确定环境增加，供应链不仅要面临市场需求的不确定性还要面临随机供应带来的影响，而面对这些不确定性风险，企业决策者明显持有不同的偏好差异。从现有研究来看，有关产品质量改进、营销努力、供应不确定性以及决策偏好的供应链管理研究主要是从供应商的角度或单一环境下考虑的，缺乏系统性地考虑复杂环境下的零售商主导型供应链管理研究。因此，为了更好地应对不断变化的市场环境，在前人研究的基础上，本书将系统性地探索复杂环境下期权契约机制在零售商主导型供应链管理中的应用研究，优化零售商主导型供应链管理和协调策略。

1.3 研究目标与研究意义

1.3.1 研究目标

立足当前的市场环境，以零售商主导型供应链为研究对象，借鉴大型零售企业的实践经验，采用期权契约机制来探讨不同市场环境下的供应链运营管理策略（包括生产策略、营销策略、质量投资策略和供应链协调策略），考察企业风险规避或损失规避行为对供应链运营策略、供应链契约设计以及供应链利润分配的影响，探讨复杂环境下期权契约机制在零售商主导型供应链管理和协调中的有效性，为零售商主导型供应链管理提供一些新的视角和决策参考，同时，进一步丰富供应链管理尤其是零售商主导型供应链管理领域的研究。

1.3.2 研究意义

1. 理论意义

供应链协调是企业提高供应链竞争力、提升供应链运营效率的关键手段，也是零售商主导型供应链管理的重要内容。同时，期权机制具有良好的灵活性和风险共担性，能够有效强化供应链上下游协作运营，基于期权契约机制的零售商主导型供应链管理和协调研究受到了越来越多学者的重视并取得了丰富的研究成果。然而，市场环境日趋复杂，市场竞争日益激烈，目前的研究成果已无法适应新形势下零售商主导型供应链管理。因此，在前人研究的基础之上，我们在不同市场环境下建立了基于期权机制的零售商主导型供应链管理和协调模型，重点探讨不同市场背景下供应商生产策略、契约设计和供应链协调问题。同时，借鉴认知心理学、行为科学等相关领域的研究成果，选用一致性风险度量准则和前景理论来刻画企业在面对不确定风险时表现出的风险规避与损失规避行为，分析企业决策偏好行为对供应链运营和协调策略的影响，为考虑企业决策偏好行为的供应链管理提供决策支持。我们的研究弥补了综合考虑产品质量和营销努力行为、企业决策偏好行为以及随机供应等复杂环境下基于期权机制的零售商主导型供应链运营和协调策略这一空白领域,为新形势下零售商主导型供应链管理研究提供了一个全新的视角,具有重要的理论意义。

2. 实践意义

随着市场需求个性化和快速多变的趋势越来越明显,以及流通产业的快速发展和现代通信技术的突飞猛进,零售企业规模不断扩大以及组织形式不断创新,诸如沃尔玛、家乐福、京东、苏宁、国美等大型零售企业迅速发展,逐渐占据了所在供应链的主导权,于是在当今的许多行业中,传统的以制造商或供应商为主导的供应链模式逐渐转变为以零售商为主导的供应链模式。与此同时,企业之间的竞争早已转化为供应链之间的竞争,供应链整体的协调运营管理和综合竞争力就显得尤为重要。此外,市场环境更加复杂,企业往往可通过提高产品质量、增加广告等营销手段来扩大市场需求、抢占市场份额,同时,不同的企业在做决策时对待不确定性风险表现出明显的偏好差异。那么,在新形势下如何优化供应链的生产/采购决策、实现供应链协调,如何刻画企业的决策偏好行为从而使得理论模型与实践中决策者的判断与选择行为更相吻合,具有十分重要的现实意义。本书研究立足于社会实际,相关研究结果也能更好地指导零售商主导型供应链管理实践,为新形势下零售商主导型供应链管理提供理论支持和决策参考,具有重要的实际意义。

第 2 章
考虑风险规避与营销努力的
零售商主导型供应链期权协调策略

2.1 引 言

进入 21 世纪以来,随着流通产业的快速发展和现代通信技术的突飞猛进,处于流通终端的零售企业出现了飞跃性的变革,市场供求关系也由卖方市场逐渐转变为买方市场,呈现出"供大于求"的局面,消费者在交易过程中有了更多的话语权。与此同时,随着零售企业规模的扩大和组织形式的不断创新,实力雄厚的零售企业得到了迅速发展,如沃尔玛、家乐福、京东、苏宁、国美等企业。于是在当今的许多行业中,传统的供应商或生产商主导地位已经逐渐被零售商所取代,形成了以零售企业为核心的垂直或多向的供应链合作关系[163]。零售企业借助完善的信息网络和先进的信息技术手段可以掌握即时且丰富的市场信息,能够系统、全面地了解市场的需求和未来的发展方向,并引导制造商的生产和相关供应商的经营活动[28]。

在以零售企业为核心的供应链中,为了规避因需求不足引起的订购过剩或库存风险,占主导地位的零售企业通常希望向供应商实现柔性采购。此外,零售企业凭借渠道优势总会设定一个极低的批发价格来获得更多利润,而供应商又不得不以牺牲部分利润来换取市场份额。然而,从长远来看,供应商不会一直忍受这种不公平待遇,因而这种不公平的合作方式是不可持续的。与此同时,由于双重边际效应的存在,供应链整体利润也无法实现最大化。面对这种窘境,零售企业意识到实现供应链协调能够在保证供应商利润不受侵占的前提下提高自身利润并实现供应链整体利润最优。供应链契约是实现供应链协调的主要方法,其中,期权契约具备良好的灵活性和风险共担性,不断引入供应链管理和协调研究中。具体而言,期权契约能够帮助零售企业实现柔性采购从而规避库存风险,同时上下游企业可以借助期权购买量或期权费用有效实现风险共担。实践中,企业契约被零售业[12]、制造业[61]、IT业[164]、通信业[48]以及食品加工[165]等多行业广泛应用。从现有研究来看,期权契约主要被应用在上游企业占主导地位的供应链管理和协调中,此时上游企业设计并提供期权契约。少部分学者运用期权契约来研究零售商占主导地位的供应链管理和协调问题。例如,在Cachon和Lariviere[45]的基础上,Wang和Liu[12]研究了基于期权契约的零售商主导供应链协调和风险分享问题,证明期权契约能够实现供应链协调和风险共担。Cai等[66]将期权契约引入一个VMI供应链中,研究表明,供应链协调和Pareto改进能够同时获得。上述研究主要是在完全理性假设的条件下进行的,以期望利润最大化或成本最小化为目标,忽略了企业决策者对待不确定风险的差异行为。

大量实证研究表明,决策者通常具有风险规避的行为[132-133]。在零售商主导的供应链中,大多数中小型供应商在面对市场需求不确定性可能引起的生产过剩风险时决策行为较为保守,从而导致其最优生产量小于风险中性条件下的生产量,进而影响供应链的整体绩效。因此,供应商的风险规避行为是供应链管理和协调研究应充分考虑的关键问题。目前,在运作管理文献中,期望-方差(MV)[166]、风险价值(VaR)[167]和条件风险价值(CVaR)[168]是刻画企业风险规避特征的3种常用方法。文献[169]和文献[170]对相关风险刻画方法的优劣进行了总结。其中,MV方法存在一个内在的理论缺陷,其将偏离均值的上下侧变动均视为风险。相比MV方法而言,VaR方法具有更好的实用价值,但VaR方法不满足传递不变性、正齐次性、单调性等一致性公理且计算不方便。为此,Rockafellar等[171-172]在VaR方法的基础上提出了CVaR方法,CVaR方法在一定程度上克服了VaR方法存在的问题,其具有良好的结构和计算特性并满足一致性公理,受到了学者们的青睐[173-177]。

此外,实践中的零售企业可以实施营销努力手段来扩大最终的市场需求,比如提供售前售后服务、优化产品陈列、加大销售促销以及广告投入等一系列能够增强顾客购买意愿的营销活动。一般地,越高的营销努力水平将刺激更多的消费者购买产品,同时营销投入成本也越高。那就是说,营销努力作为供应链管理的一个关键决策变量,对供应链运营绩效和供应链协调契约设计有着充分的影响。关于考虑营销努力的供应链管理研究,可参考文献[178-181]。在营销努力的前提下,Krishnan 等[182]、Kunter[183]指出在传统契约的基础上引入成本分担机制可以使得供应链达到完美协调。

从已有研究来看,还没有学者运用期权机制来研究同时考虑供应商风险规避行为和零售商营销努力行为的零售商主导型供应链协调问题。因此,基于以上分析,本章以由一个风险规避的供应商和一个风险中性且占主导地位的零售商组成的二级供应链为研究对象,其中市场需求是随机的且受营销努力水平的影响。首先,从零售商的角度提出由期权和成本分担构成的组合契约,运用 CVaR 准则刻画供应商的风险规避特征,构建以零售商为主导的 Stackelberg 博弈模型,分析风险规避程度以及契约参数对供应商的最优生产策略和零售商的最优营销努力水平的影响。然后,以集中决策为参考,给出供应链协调策略,进而讨论供应商风险规避程度对组合契约设计和供应链整体利润分配的影响,并为零售商主导型供应链管理和协调契约设计提供参考建议。

2.2 模型描述与假设

考虑由单个供应商和单个零售商组成的二级供应链。其中,供应商是风险规避的,零售商是风险中性的,且零售商在供应链占主导地位,是供应链协调契约的制定者。供应商通过零售商向最终的消费者销售一种短生命周期产品。假设供应链双方的所有信息是完全共享的,产品市场需求 $D(I,x)$ 是随机的且依赖于营销努力水平 I,记 $D(I,x)=a(I)+x$。其中,$a(I)$ 为受营销努力影响增加的市场需求,x 为需求随机扰动因子。假定 x 在 $[L,U]$ 上服从概率密度函数为 $f(x)$、累计分布函数为 $F(x)$ 的分布,且 $F(x)$ 为连续、可微、单调递增函数,$\overline{F}(x)=1-F(x)$ 表示尾部分布。为了简化模型且不失一般性,假定 $a(I)$ 为关于营销努力水平 I 的单调增函数。这种相加形式的依赖于营销努力的市场需求函数在供应链管理文献中已得到广泛应用[178,184]。令 $C(I)$ 表示实施营销努力水平为 I 的投入成本,该成本函数是凸增二阶可导的,且满足 $C(0) = 0$, $C'(I) > 0$ 和 $C''(I) > 0$。该成本函数与文献[185]是一致的,一般地,营销努力水平越高,成本投入就越大,且投入成本关于营销努力水平是边际递减的。

考虑到零售商的渠道权利,我们采用的期权机制与文献[66]类似,且组合契约由三个参数构成:期权价格 o、期权执行价格 e 和成本分担系数 λ。其中,期权价格为零售商需要提前支付给供应商的单位产量保留费用;执行价格为当市场需求实现后零售商通过执行期权向供应商采购产品的单位产品购买价格;成本分担系数为供应商需要承担的营销努力投入成本的比例。在组合契约下,供应商承担库存风险但可提前获得一部分稳定的收益,而零售商不仅能够与供应商在营销努力方面共同投资以达到集中决策下的最优策略,还能转移库存风险、实现柔性订购并刺激供应商生产更多产品来满足不确定的市场需求。为了避免不合理情形,我们对契约参数之间的关系作出如下假设。

假设 1: $c - \upsilon > o \geqslant 0$。

假设 2: $e > \upsilon > 0$。

假设 3: $p > o + e > c > \upsilon$。

假设 1 避免供应商出现无风险生产情形,若 $c - \upsilon \leqslant o$ 时,供应商通过处理剩余产品总能获得正的利润,即供应商将会生产无限多的产品来获取利润。假设 2 则是确保零售商能够执行期权来满足市场需求,当 $e < \upsilon$ 时,供应商宁愿在残值市场处理产品也不会将产品销售给零售商。假设 3 确保零售商和供应商通过执行期权都能获取利润。

现将本章节所涉及的重要符号说明汇总如下:

c ——单位产品生产成本;

w ——单位产品批发价格;

p ——单位产品零售价格;

υ ——单位产品的处理残值;

$D(I,x)$ ——产品的最终市场需求;

I ——营销努力水平;

x——市场需求随机扰动因子；

L——随机扰动因子 x 的下边界；

U——随机扰动因子 x 的上边界；

$f(x)$——随机扰动因子 x 的概率密度函数；

$F(x)$——随机扰动因子 x 的累计分布函数；

$C(I)$——营销努力水平为 I 时的投入成本；

o——期权价格；

e——期权执行价格；

λ——成本分担系数，即供应商需要承担营销努力投入成本的比例；

Q——供应商的生产量；

η——供应商的风险规避系数；

π_s——供应商的期望利润；

π_r——零售商的期望利润；

π_{sc}——供应链整体的期望利润。

其中，Q 和 I 为决策变量，其他均为外生变量。

2.3 模型构建与分析

在组合契约下，事件的发生顺序如下：销售季节开始前，零售商通过协商向供应商提供组合契约 (o, e, λ) 并独立决定营销努力水平 I_{cc}，随后供应商接受组合契约并根据对市场需求的预测确定生产量 Q_{cc}；销售季节开始后，市场需求实现，零售商根据真实的市场需求向供应商以单位成本为执行价格 e 采购产品并进行销售，且零售商的最大采购量为 Q_{cc}；期末时刻，若市场需求小于供应商生产量，供应商承担生产过剩损失并进行残值处理。在整个事件过程中，零售商和供应商展开 Stackelberg 博弈。其中，零售商是领导者，供应商是跟随者。对于这类问题的求解，一般采用逆向归纳法，可先求出供应商的产品生产量，再求解零售商的营销努力水平。

2.3.1 供应商的最优策略

假定供应商已接受组合契约，此时供应商在完全理性的条件下的问题是寻求一个最优的生产量来实现期望利润最大化，则期末时刻供应商的期望利润可表示为

$$\pi_s(Q_{cc}) = E[e\min\{Q_{cc}, D(I_{cc}, x)\} + oQ_{cc} + \upsilon \max\{Q_{cc} - D(I_{cc}, x), 0\} - cQ_{cc} - \lambda C(I_{cc})] \quad (2\text{-}1)$$

其中，等式（2-1）右边的第一项为供应商通过执行期权所获得的收益，第二项为零售商向供应商支付的产量保留费用，第三项为残值处理收益，第四项为产品生产成本，第五项为供应商需要承担的营销努力费用。通过简单的数学迭代，供应商的期望利润可表示为

$$\pi_s(Q_{cc}) = E[(e+o-c)Q_{cc} - (e-\upsilon)(Q_{cc} - D(I_{cc}, x))^+ - \lambda C(I_{cc})] \quad (2\text{-}2)$$

如前所述，供应商是有限理性的，呈现出风险规避的特征。我们采用 CVaR 准则来刻画供应商的风险规避行为，CVaR 度量了供应商的随机利润小于给定置信水平 η 分位数以下部分的平均值，而忽略超出此分位数以上的部分。给定供应商生产量为 Q 时的利润函数 π_s，则供应商的条件风险价值可表示为

$$CVaR_\eta(\pi_s) = E[\pi_s | \pi_s \leqslant q_\eta(\pi_s)] \quad (2\text{-}3)$$

其中，E 为期望算子；$\eta \in (0,1]$ 为供应商风险规避的程度，η 越小，供应商风险规避程度越大，$\eta=1$ 表示供应商是风险中性的，$q_\eta(\pi_s)$ 表示供应商随机利润 π_s 的 η 分位数，即

$$q_\eta(\pi_s) = \inf\{z | P(\pi_s) \geqslant \eta\} \quad (2\text{-}4)$$

为了便于计算和分析，Rockafellar 和 Uryasev[171]给出了 CVaR 另一个等价的定义，即

$$\begin{aligned} CVaR_\eta(\pi_s) &= \max_{\varphi \in R}\left\{\varphi + \frac{1}{\eta}E[\min(\pi_s - \varphi, 0)]\right\} \\ &= \max_{\varphi \in R}\left\{\varphi - \frac{1}{\eta}E[\varphi - \pi_s]^+\right\} \end{aligned} \quad (2\text{-}5)$$

在 CVaR 准则下，供应商的目标是最小化其随机利润的下侧风险，即实现 CVaR 值的最大化。因此，风险规避供应商的问题可表述为

$$\max_{Q_{cc}} CVaR_\eta(\pi_s(Q_{cc})) = \max_{Q_{cc}} \max_{\varphi \in R} \left\{ \varphi - \frac{1}{\eta} E[\varphi - \pi_s(Q_{cc})]^+ \right\} \quad (2\text{-}6)$$

求解该问题，可得风险规避供应商的最优生产量。

命题 2-1 给定组合契约 (o, e, λ) 和营销努力水平 I_{cc}，风险规避供应商存在唯一的最优生产量，其满足

$$Q_{cc}^* = F^{-1}\left(\eta \frac{o + e - c}{e - v}\right) + a(I_{cc}) \quad (2\text{-}7)$$

证明 根据式（2-6）可知，要求解供应商最优的生产量，首先需要求解出最优的 φ。令 $g(\varphi, Q_{cc}) = \varphi - \frac{1}{\eta} E[\varphi - \pi_s(Q_{cc})]^+$，则有

$$\begin{aligned} g(\varphi, Q_{cc}) = \varphi &- \frac{1}{\eta} \int_L^{Q_{cc} - a(I_{cc})} [\varphi - (o + v - c)Q_{cc} + (v - e)(a(I_{cc}) + x) + \\ &\lambda C(I_{cc})]^+ \mathrm{d}F(x) - \frac{1}{\eta} \int_{Q_{cc} - a(I_{cc})}^U [\varphi - (o + e - c)Q_{cc} + \lambda C(I_{cc})]^+ \mathrm{d}F(x) \end{aligned} \quad (2\text{-}8)$$

分三种情形进行讨论，为了便于书写，令 $\varphi_1 = (o + v - c)Q_{cc} - (v - e)a(I_{cc}) - \lambda C(I_{cc})$ 和 $\varphi_2 = (e + o - c)Q_{cc} - \lambda C(I_{cc})$。

当 $\varphi \leqslant \varphi_1$ 时，恒有 $g(\varphi, Q_{cc}) = \varphi$，因而有 $\frac{\partial g(\varphi, Q_{cc})}{\partial \varphi} = 1 > 0$ 和 $\left. \frac{\partial g(\varphi, Q_{cc})}{\partial \varphi} \right|_{\varphi = \varphi_1} = 1$。

当 $\varphi_1 < \varphi \leqslant \varphi_2$ 时，有

$$g(\varphi, Q_{cc}) = \varphi - \frac{1}{\eta} \int_L^{\frac{\varphi - \varphi_1}{e - v}} (\varphi - \varphi_1 + (v - e)x) \mathrm{d}F(x) \quad (2\text{-}9)$$

$$\frac{\partial g(\varphi, Q_{cc})}{\partial \varphi} = 1 - \frac{1}{\eta} F\left(\frac{\varphi - \varphi_1}{e - v}\right) \quad (2\text{-}10)$$

进一步可得

$$\left. \frac{\partial g(\varphi, Q_{cc})}{\partial \varphi} \right|_{\varphi = \varphi_1} = 1 \quad (2\text{-}11)$$

$$\left.\frac{\partial g(\varphi,Q_{cc})}{\partial \varphi}\right|_{\varphi=\varphi_2} = 1-\frac{1}{\eta}F(Q_{cc}-a(I_{cc})) \quad (2\text{-}12)$$

当 $\varphi > \varphi_2$ 时，则有

$$g(\varphi,Q_{cc}) = \varphi - \frac{1}{\eta}\int_L^{Q_{cc}-a(I_{cc})}(\varphi-\varphi_1+(\upsilon-e)x)\mathrm{d}F(x) - \frac{1}{\eta}\int_{Q_{cc}-a(I_{cc})}^U(\varphi-\varphi_2)\mathrm{d}F(x) \quad (2\text{-}13)$$

进而有

$$\frac{\partial g(\varphi,Q_{cc})}{\partial \varphi} = 1-\frac{1}{\eta} < 0 \quad (2\text{-}14)$$

综上可知，φ 的最优值 φ^* 必定在区间 $(\varphi_1,\varphi_2]$ 取得。假定 $1-\frac{1}{\eta}F(Q_{cc}-a(I_{cc})) \leqslant 0$，则有 $Q_{cc} \geqslant F(\eta)+a(I_{cc})$，则在区间 (φ_1,φ_2) 内必定存在某个 φ^* 满足 $\frac{\partial g(\varphi,Q_{cc})}{\partial \varphi} = 1-\frac{1}{\eta}F\left(\frac{\varphi-\varphi_1}{e-\upsilon}\right) = 0$，故有 $\varphi^* = (e-\upsilon)F^{-1}(\eta)+\varphi_1$。由于 $\varphi^* < \varphi_2$，进而有 $Q_{cc} > F(\eta)+a(I_{cc})$。将 $\varphi^* = (e-\upsilon)F^{-1}(\eta)+\varphi_1$ 代入等式（2-8）可得

$$g(\varphi^*,Q_{cc}) = (e-\upsilon)F^{-1}(\eta)+\varphi_1 - \frac{1}{\eta}\int_L^{F^{-1}(\eta)}(e-\upsilon)(F^{-1}(\eta)-x)\mathrm{d}F(x) \quad (2\text{-}15)$$

对 $g(\varphi^*,Q_{cc})$ 关于 Q_{cc} 求一阶偏导数可得 $\partial g(\varphi^*,Q_{cc})/\partial Q_{cc} = o+\upsilon-c < 0$，则 $g(\varphi^*,Q_{cc})$ 关于 Q_{cc} 单调递减，故有 $Q_{cc}^* = F(\eta)+a(I_{cc})$，这与 $Q_{cc}^* > F(\eta)+a(I_{cc})$ 相矛盾，其表明 $1-F(Q_{cc}-a(I_{cc}))/\eta > 0$，因此必有 $\varphi^* = \varphi_2$。

将 $\varphi^* = \varphi_2$ 代入等式（2-8）可得 可得

$$g(\varphi^*,Q_{cc}) = \varphi_2 - \frac{1}{\eta}\int_L^{Q_{cc}-a(I_{cc})}(e-\upsilon)(Q_{cc}-a(I_{cc})-x)\mathrm{d}F(x) \quad (2\text{-}16)$$

进而有

$$\frac{\partial g(\varphi^*,Q_{cc})}{\partial Q_{cc}} = o+e-c-\frac{e-\upsilon}{\eta}F(Q_{cc}-a(I_{cc})) \quad (2\text{-}17)$$

$$\frac{\partial^2 g(\varphi^*,Q_{cc})}{\partial Q_{cc}^2} = -\frac{e-\upsilon}{\eta}f(Q_{cc}-a(I_{cc})) < 0 \quad (2\text{-}18)$$

表明 $g(\varphi^*, Q_{cc})$ 是关于 Q_{cc} 的凹函数,存在唯一最优的供应商生产量。令 $\partial g(\varphi^*, Q_{cc})/\partial Q_{cc} = 0$,风险规避供应商的最优生产量 Q_{cc}^* 为

$$Q_{cc}^* = F^{-1}\left(\eta \frac{o+e-c}{e-\upsilon}\right) + a(I_{cc}) \tag{2-19}$$

故命题 2-1 得证。

从命题 2-1 可看出,给定零售商的营销努力水平,尽管供应商在组合契约下愿意分担营销努力成本,此时供应商的最优生产量与成本分担系数无关,成本分担系数仅会对供应商的利润造成影响。进一步,我们可得如下推论。

推论 2-1 供应商最优生产量 Q_{cc}^* 与供应商风险规避程度 η、零售商营销努力水平 I_{cc} 以及期权参数 (o,e) 的关系如下:

(1) 给定组合契约 (o,e,λ) 和 I_{cc},Q_{cc}^* 是关于 η 的单调增函数;

(2) 给定组合契约 (o,e,λ) 和 η,Q_{cc}^* 是关于 I_{cc} 的单调增函数;

(3) 给定 I_{cc} 和 η,Q_{cc}^* 关于 o 和 e 均单调递增。

证明 对等式(2-7)两边关于 η 同时求导可得

$$\frac{\partial Q_{cc}^*}{\partial \eta} = \frac{\partial F^{-1}\left(\dfrac{\eta(o+e-c)}{e-\upsilon}\right)}{\partial \eta} \tag{2-20}$$

又因为 $F^{-1}\left(\dfrac{\eta(o+e-c)}{e-\upsilon}\right) = Q_{cc}^* - a(I_{cc})$,则有 $\dfrac{\eta(o+e-c)}{e-\upsilon} = F\left(Q_{cc}^* - a(I_{cc})\right)$,进而有

$$\frac{\eta(o+e-c)}{e-\upsilon} = f\left(Q_{cc}^* - a(I_{cc})\right) \frac{\partial (Q_{cc}^* - a(I_{cc}))}{\partial \eta} \tag{2-21}$$

经过简单的数学运算可得

$$\partial F^{-1}\left(\frac{\eta(o+e-c)}{e-\upsilon}\right)\bigg/\partial \eta = (o+e-c)\bigg/\left((e-\upsilon) f\left(F^{-1}\left(\frac{\eta(o+e-c)}{e-\upsilon}\right)\right)\right) > 0 \tag{2-22}$$

即 $\partial Q_{cc}^*/\partial \eta > 0$,$Q_{cc}^*$ 关于 η 单调递增。同理,易证得 Q_{cc}^* 关于 o 和 e 均单调递增。

对 Q_{cc}^* 关于 I_{cc} 求一阶偏导数可得

$$\frac{\partial Q_{cc}^*}{\partial I_{cc}} = \frac{\partial a(I_{cc})}{\partial I_{cc}} > 0 \qquad (2-23)$$

则 Q_{cc}^* 是关于 I_{cc} 的单调增函数。故推论 2-1 得证。

推论（1）表明，风险规避系数越小，风险规避供应商的最优生产量就越小。也就是说，供应商风险规避程度越高，其最优生产量越小。特别地，当供应商为风险中性时，即 $\eta = 1$，供应商的最优生产量为 $Q_{cc}^* = F^{-1}\left((o+e-c)/(e-\upsilon)\right) + a(I_{cc})$，表明风险规避供应商的最优生产量不大于风险中性供应商的最优生产量，在实践中，这是合理的，因为风险规避的供应商宁愿牺牲部分收益来获取稳定的利润，而不愿承担风险来追求更大的利润。推论（2）是非常直观的，零售商的营销努力水平越高，最终的市场需求就越大，故而供应商的最优生产量就越大。推论（3）也是非常直观明了的，当零售商愿意支付更高的期权价格和期权执行价格时，供应商愿意准备更多的库存。

2.3.2 零售商的最优策略

零售商作为 Stackelberg 博弈的领导者，其问题是在预知供应商的最优反应函数后寻求一个最优的营销努力水平来实现期望利润最大化，该问题可表述为

$$\max_{I_{cc}} \pi_r(I_{cc}) = E[(p-e)\min\{Q_{cc}^*, D(I_{cc}, x)\} - oQ_{cc}^* - (1-\lambda)C(I_{cc})] \qquad (2-24)$$

其中，等式（2-24）右边第一项为零售商的销售收益，第二项为零售商向供应商应支付的产量保留费用，第三项为零售商应承担的营销努力费用。那么，零售商的期望利润函数可改写为

$$\pi_r(I_{cc}) = (p-e-o)Q_{cc}^* - (p-e)\int_L^{Q_{cc}^* - a(I_{cc})} F(x)\mathrm{d}x - (1-\lambda)C(I_{cc}) \qquad (2-25)$$

通过等式（2-25），我们可得如下命题。

命题 2-2 给定组合契约，零售商存在唯一的最优营销努力水平 I_{cc}^*，其满足

$$C'(I_{cc}^*) = \frac{p-e-o}{1-\lambda} a'(I_{cc}^*) \qquad (2-26)$$

证明 对等式（2-25）关于 I_{cc} 求一阶偏导数和二阶偏导数可得

$$\frac{\partial \pi_r(I_{cc})}{\partial I_{cc}} = (p-e-o)a'(I_{cc}) - (1-\lambda)C'(I_{cc}) \qquad (2\text{-}27)$$

$$\frac{\partial^2 \pi_r(I_{cc})}{\partial I_{cc}^2} = -(1-\lambda)C''(I_{cc}) < 0 \qquad (2\text{-}28)$$

表明，$\pi_r(I_{cc})$ 是关于 I_{cc} 的凹函数，零售商存在唯一的最优营销努力水平，通过一阶最优条件可得，零售商的最优营销努力水平 $C'(I_{cc}^*) = a'(I_{cc}^*)(p-e-o)/(1-\lambda)$。证毕。

命题 2-2 表明，零售商的最优营销努力水平不仅与期权参数相关，还与成本分担系数相关，则我们可得如下推论。

推论 2-2 I_{cc}^* 关于 o 和 e 均单调递减但关于 λ 单调递增。

证明 通过等式（2-26），应用隐函数定理，对 I_{cc}^* 关于 o、e 和 λ 分别求导可得

$$C''(I_{cc}^*)\frac{\partial I_{cc}^*}{\partial o} = -\frac{a'(I_{cc}^*)}{1-\lambda} < 0 \qquad (2\text{-}29)$$

$$C''(I_{cc}^*)\frac{\partial I_{cc}^*}{\partial e} = -\frac{a'(I_{cc}^*)}{1-\lambda} < 0 \qquad (2\text{-}30)$$

$$C''(I_{cc}^*)\frac{\partial I_{cc}^*}{\partial \lambda} = (p-o-e)\frac{a'(I_{cc}^*)}{(1-\lambda)^2} > 0 \qquad (2\text{-}31)$$

则推论 2-2 得证。

实际上，推论 2-2 与实践是一致的。期权价格和执行价格之和为零售商向供应商采购产品的单位成本，当期权价格或执行价格增加时，零售商的边际利润减少。其暗示，当零售商的采购成本增加时，零售商将没有动力去实施营销努力来扩大市场需求。此外，当供应商愿意分担更多的营销成本时，零售商乐意加大营销努力来刺激更多的消费者购买产品。

那么，组合契约下，供应链整体的最优期望利润为

$$\pi_{sc}(Q_{cc}^*, I_{cc}^*) = (p-c)Q_{cc}^* - (p-\upsilon)\int_L^{Q_{cc}^*-a(I_{cc}^*)} F(x)\mathrm{d}x - C(I_{cc}^*) \qquad (2\text{-}32)$$

2.3.3 供应链协调策略

一般地，当分散决策下供应链整体的最优期望利润等于集中决策下供应链的全局最优期望利润时，则认为供应链实现协调。在集中决策下，供应商和零售商集中为一个虚拟的决策主体，假定该决策主体是风险中性的，这与文献[155，165]的研究是一致的，其目标是制定合理的营销努力水平 I_{sc} 和产品生产量 Q_{sc} 以实现供应链整体期望利润最优。那么，在集中决策下，供应链的整体期望利润可表示为

$$\pi_{sc}(Q_{sc}, I_{sc}) = E[p\min\{Q_{sc}, D(I_{sc}, x)\} - cQ_{sc} - C(I_{sc}) + \\ \upsilon \max\{Q_{sc} - D(I_{sc}, x), 0\}] \tag{2-33}$$

其中，等式（2-33）右边第一项为虚拟主体的销售收益，第二项为产品制造成本，第三项为营销成本，第四项为剩余产品的处理残值，则集中决策下供应链整体的期望利润可改写为

$$\pi_{sc}(Q_{sc}, I_{sc}) = (p-c)Q_{sc} - (p-\upsilon)\int_L^{Q_{sc}-a(I_{sc})} F(x)\mathrm{d}x - C(I_{sc}) \tag{2-34}$$

通过等式（2-34），我们可得命题 2-3。

命题 2-3 在集中决策下，供应链存在唯一的最优生产量 Q_{sc}^* 和最优营销努力水平 I_{sc}^*，其满足

$$Q_{sc}^* = F^{-1}\left(\frac{p-c}{p-\upsilon}\right) + a(I_{sc}^*) \tag{2-35}$$

$$C'(I_{sc}^*) = (p-c)a'(I_{sc}^*) \tag{2-36}$$

证明 通过等式（2-34）求偏导数可得

$$\frac{\partial \pi_{sc}(Q_{sc}, I_{sc})}{\partial Q_{sc}} = (p-c) - (p-\upsilon)F(Q_{sc} - a(I_{sc})) \tag{2-37}$$

$$\frac{\partial^2 \pi_{sc}(Q_{sc}, I_{sc})}{\partial Q_{sc}^2} = -(p-\upsilon)f(Q_{sc} - a(I_{sc})) \tag{2-38}$$

$$\frac{\partial^2 \pi_{sc}(Q_{sc}, I_{sc})}{\partial Q_{sc} \partial I_{sc}} = (p-\upsilon)a'(I_{sc})f(Q_{sc} - a(I_{sc})) \tag{2-39}$$

$$\frac{\partial \pi_{sc}(Q_{sc}, I_{sc})}{\partial I_{sc}} = (p-\upsilon)a'(I_{sc})F(Q_{sc}-a(I_{sc})) - C'(I_{sc}) \quad (2\text{-}40)$$

$$\frac{\partial^2 \pi_{sc}(Q_{sc}, I_{sc})}{\partial I_{sc}^2} = -(p-\upsilon)(a'(I_{sc}))^2 f(Q_{sc}-a(I_{sc})) - C''(I_{sc}) \quad (2\text{-}41)$$

由于 $p > \upsilon$、$f(Q_{sc}-a(I_{sc})) > 0$ 和 $C''(I_{sc}) > 0$，则可得

$$\begin{vmatrix} \dfrac{\partial^2 \pi_{sc}(Q_{sc}, I_{sc})}{\partial Q_{sc}^2} & \dfrac{\partial^2 \pi_{sc}(Q_{sc}, I_{sc})}{\partial Q_{sc} \partial I_{sc}} \\ \dfrac{\partial^2 \pi_{sc}(Q_{sc}, I_{sc})}{\partial Q_{sc} \partial I_{sc}} & \dfrac{\partial^2 \pi_{sc}(Q_{sc}, I_{sc})}{\partial I_{sc}^2} \end{vmatrix} = (p-\upsilon)f(Q_{sc}-a(I_{sc}))C''(I_{sc}) > 0 \quad (2\text{-}42)$$

即 $\pi_{sc}(Q_{sc}, I_{sc})$ 关于 Q_{sc} 和 I_{sc} 的黑塞矩阵是负定的，表明 $\pi_{sc}(Q_{sc}, I_{sc})$ 是关于 Q_{sc} 和 I_{sc} 的联合凹函数，于是，通过一阶最优化条件可得供应链整体的最优生产量 Q_{sc}^* 和最优营销努力水平 I_{sc}^* 满足等式（2-35）和等式（2-36）。证毕。

因此，在集中决策下，供应链整体的最优期望利润可表示为

$$\pi_{sc}(Q_{sc}^*, I_{sc}^*) = (p-c)Q_{sc}^* - (p-\upsilon)\int_L^{Q_{sc}^*-a(I_{sc}^*)} F(x)\mathrm{d}x - C(I_{sc}^*) \quad (2\text{-}43)$$

通过对等式（2-32）和等式（2-43）比较分析发现，当且仅当 $Q_{cc}^* = Q_{sc}^*$ 和 $I_{cc}^* = I_{sc}^*$，供应链实现协调，因此，可得命题 2-4。

命题 2-4 在组合契约 (o, e, λ) 下，要使供应链实现协调，需要组合契约参数满足集合 M：

$$M = \left\{ (e, o, \lambda) : e = \frac{\eta(c-o)(p-\upsilon) - (p-c)\upsilon}{\eta(p-\upsilon) - p + c}, \lambda = \frac{c-o-\upsilon}{\eta(p-\upsilon) - p + c}, o \in [0, c-\upsilon] \right\}$$

其中，$(p-\upsilon-o)/(p-\upsilon) < \eta \leqslant 1$。

证明 由 $Q_{cc}^* = Q_{sc}^*$ 和 $I_{cc}^* = I_{sc}^*$ 可得 $F^{-1}(\eta(e+o-c)/(e-\upsilon)) = F^{-1}((p-c)/(p-\upsilon))$ 和 $(p-e-o)/(1-\lambda) = p-c$，则有 $\eta(e+o-c)/(e-\upsilon) = (p-c)/(p-\upsilon)$，进而有

$$e = \frac{\eta(c-o)(p-\upsilon) - (p-c)\upsilon}{\eta(p-\upsilon) - p + c} \quad (2\text{-}44)$$

$$\lambda = \frac{c-o-\upsilon}{\eta(p-\upsilon)-p+c} \tag{2-45}$$

为了确保期权机制的合理性，需要期权参数满足 $p>o+e$，将等式（2-44）代入 $p>o+e$ 中可得 $(p-\upsilon-o)/(p-\upsilon)<\eta\leqslant 1$。故命题 2-4 得证。

命题 2-4 表明，当供应商风险规避系数满足 $(p-\upsilon-o)/(p-\upsilon)<\eta\leqslant 1$ 时，供应链才有机会实现协调。换句话说，当且仅当供应商风险规避系数大于一个阈值时供应链才能实现协调，其中，这个阈值与期权价格呈负相关关系。这表明，供应商需要承担一定的风险才能使得供应链达到协调。若 $\eta\leqslant(p-\upsilon-o)/(p-\upsilon)$，则有 $o+e\geqslant p$，此时零售商通过执行期权不会带来收益，在实践中，该类组合契约不会被零售商提供。此外，由 $o>(1-\eta)(p-\upsilon)$ 可知 $\eta p-\eta\upsilon-p+c>0$，进而有 $\partial\lambda/\partial o=-1/(\eta p-\eta\upsilon-p+c)<0$ 和 $\partial e/\partial o=-\eta(p-\upsilon)/(\eta p-\eta\upsilon-p+c)<0$，即，当供应链实现协调时，期权执行价格和成本分担系数均与期权价格呈负相关关系。

从命题 2-4 可知，当供应链实现协调时，期权执行价格和成本风险系数均是期权价格的函数，则可获得如下推论。

推论 2-3

（1）在组合契约 (o,e,λ) 下，当供应链实现协调时，供应商的期望利润随着期权价格的增加而减小，而零售商的期望利润随着期权价格的增加而增加。

（2）在组合契约 (o,e,λ) 的协调下，给定某一期权价格，供应商的期望利润随着其风险规避程度的增加而增加，而零售商的期望利润随着供应商的风险规避程度的增加而减小。

证明 令 $\pi_s(o)$ 和 $\pi_r(o)$ 分别表示供应链协调下供应商和零售商的期望利润，将等式（2-44）和等式（2-45）代入等式（2-2）和等式（2-25）可得，供应链协调下供应商和零售商的期望利润分别为

$$\pi_s(o) = \frac{(c-o-\upsilon)}{\eta(p-\upsilon)-p+c}(p-c)Q_{sc}^* - \frac{(c-o-\upsilon)}{\eta(p-\upsilon)-p+c}C(I_{sc}^*) - \\ \frac{(c-o-\upsilon)\eta}{\eta(p-\upsilon)-p+c}(p-\upsilon)\int_L^{Q_{sc}^*-a(I_{sc}^*)}F(x)\mathrm{d}x \tag{2-46}$$

$$\pi_r(o) = (1 - \frac{(c-o-\upsilon)}{\eta(p-\upsilon)-p+c})(p-c)Q_{sc}^* - (1 - \frac{(c-o-\upsilon)}{\eta(p-\upsilon)-p+c})C(I_{sc}^*) -$$
$$(1 - \frac{(c-o-\upsilon)\eta}{\eta(p-\upsilon)-p+c})(p-\upsilon)\int_L^{Q_{sc}^*-a(I_{sc}^*)} F(x)\mathrm{d}x \tag{2-47}$$

对 $\pi_s(o)$ 关于 o 求导，可得

$$\frac{\partial \pi_s(o)}{\partial o} = -\frac{1}{\eta(p-\upsilon)-p+c}((p-c)Q_{sc}^* - \eta(p-\upsilon)$$
$$\int_L^{Q_{sc}^*-a(I_{sc}^*)} F(x)\mathrm{d}x - C(I_{sc}^*)) < 0 \tag{2-48}$$

因此，$\pi_s(o)$ 是关于 o 的减函数。由于供应链协调下供应商和零售商的期望利润之和等于集中决策下的期望利润且为常数，显然，零售商的期望利润随着期权价格的增加而增加。同理，易证得，当期权价格给定时，供应商的期望利润随着其风险规避程度的增加而增加，而零售商的期望利润随着供应商的风险规避程度的增加而减小，故推论 2-3 证毕。

推论 2-3 揭示了供应链协调下，期权价格和供应商风险规避系数对供应商和零售商期望利润的影响。当组合契约参数满足协调条件时，零售商只需要调整期权价格便能实现供应链整体利润的有效分配。此外，在给定期权价格的条件下，当供应商风险规避程度增加时，零售商需要牺牲部分收益来确保供应链实现协调，从而导致供应商的期望利润随着其风险规避程度的增加而增加，而零售商则相反。这是因为供应商风险规避程度越高，零售商需要支付越高的期权执行价格才能使得供应链实现协调。因此，推论 2-3 也表明，供应商的风险规避程度是供应链整体利润分配和协调契约制定的关键参考变量。

若供应商为完全理性时，即供应商是风险中性的，可得如下命题。

命题 2-5

（1）若供应商是风险中性的，要使供应链实现协调，则需要组合契约参数 (o,e,λ) 满足集合 $M_{\eta=1}$：

$$M_{\eta=1} = \left\{(e,o,\lambda): e = p - \frac{p-\upsilon}{c-\upsilon}o, \lambda = \frac{c-o-\upsilon}{c-\upsilon}, o \in [0, c-\upsilon)\right\}$$

（2）若供应商是风险中性的，供应链协调下供应商和零售商的期望利润可分别表示为

$$\pi_s(\lambda) = \lambda \pi_{sc}(Q_{sc}^*, I_{sc}^*) \tag{2-49}$$

$$\pi_r(\lambda) = (1-\lambda)\pi_{sc}(Q_{sc}^*, I_{sc}^*) \tag{2-50}$$

其中，$\pi_s(\lambda)$ 和 $\pi_r(\lambda)$ 分别表示供应商和零售商的期望利润。

证明 证明过程与命题 2-4 和推论 2-3 相似，故省略。

从命题 2-5 可以看出，当供应链实现协调时，成本分担系数可以自由地分配供应链系统的利润。具体地讲，当成本分担系数增加时，供应商的期望利润越高，而零售商的期望利润越低。

2.3.4 供应链系统利润分配

在实践中，并不是所有能够实现供应链协调的契约都能顺利实施。要使得供应链参与各方都愿意接受供应链协调契约，不但要求实现供应链协调，而且还要实现 Pareto 改进。那就是说，合理的供应链协调契约需要确保供应链双方的期望利润在原有基础上（无协调契约时）不受到损害且至少有一方的期望利润有所增加。接下来，我们将讨论什么样的组合契约能够同时实现供应链协调和 Pareto 改进。

由于批发价格契约在实践中被广泛地采用，因此其通常被作为比较的基准。在批发价格契约下，零售商负责订购量和营销努力水平决策，供应商按订单生产。期末时刻零售商的期望利润为

$$\pi_r(Q_{wc}, I_{wc}) = E[p\min\{Q_{wc}, D(I_{wc}, x)\} - wQ_{wc} - C(I_{wc}) + \upsilon\max\{Q_{wc} - D(I_{wc}, x), 0\}] \tag{2-51}$$

注意，在等式（2-51）中将 w 替换为 c，我们发现等式（2-51）与等式（2-33）是一致的。通过相似的证明过程，可得零售商的最优订购量和最优营销努力水平。

命题 2-6 在批发价格契约下，零售商存在最优订购量 Q_{wc}^* 和最优营销努力水平 I_{wc}^*，其满足

$$Q_{wc}^* = F^{-1}\left(\frac{p-w}{p-\upsilon}\right) + a(I_{wc}^*) \tag{2-52}$$

$$C'(I_{wc}^*) = (p-c)a'(I_{wc}^*) \qquad (2\text{-}53)$$

在批发价格契约下,供应商仅有否决权,假定供应商接受零售商的订购,其按订单进行生产,则期末时刻供应商的期望利润为 $\pi_s(Q_{wc}^*, I_{wc}^*) = (w-c)Q_{wc}^*$。值得注意的是,推论 2-3 揭示,供应链协调条件下供应商和零售商的期望利润都是期权价格的函数,且通过期权价格可以自由地分配供应链的整体期望利润。那么,当期权价格满足 $\pi_r(o) = \pi_r(Q_{wc}^*, I_{wc}^*)$ 时,供应链协调下零售商所分配的期望利润与批发价格条件下一致,同理,当期权价格满足 $\pi_s(o) = \pi_s(Q_{wc}^*, I_{wc}^*)$ 时,供应链协调下供应商所获得的期望利润与批发价格条件下一致。同时,推论 2-3 也表明,供应链协调下供应商的期望利润随着期权价格的增加而减小,而零售商的期望利润随着期权价格的增加而增加。那么,我们易得如下命题。

命题 2-7 在组合契约 (o, e, λ) 下,要使供应链同时实现协调和 Pareto 改进,需要求组合契约参数满足集合 N:

$$N = \left\{ (e, o, \lambda) : e = \frac{\eta(c-o)(p-\upsilon) - (p-c)\upsilon}{\eta(p-\upsilon) - p + c}, \lambda = \frac{c-o-\upsilon}{\eta(p-\upsilon) - p + c}, o \in [o_{\min}, o_{\max}] \right\}$$

其中,$\pi_r(o_{\min}) = \pi_r(Q_{wc}^*, I_{wc}^*)$,$\pi_s(o_{\max}) = \pi_s(Q_{wc}^*, I_{wc}^*)$。

命题 2-7 揭示了组合契约能够被供应链双方都愿意接受的条件,即当契约参数满足集合 N 的所有组合契约对供应商和零售商都是有利的。特别地,当 $o = o_{\max}$ 时,零售商获得了供应链协调后供应链整体增加的所有利润,而供应商的利润保持不变。进一步,当供应商是风险中性时,可得命题 2-8。

命题 2-8 若供应商是风险中性的,在组合契约 (o, e, λ) 下,要使供应链同时实现协调和 Pareto 改进,需要求组合契约参数满足集合 $N_{\eta=1}$:

$$N_{\eta=1} = \left\{ (e, o, \lambda) : e = p - \frac{p-\upsilon}{c-\upsilon}o, \lambda = \frac{c-o-\upsilon}{c-\upsilon}, o \in [o_{\min}, o_{\max}] \right\}$$

其中,$o_{\min} = \frac{\pi_r(Q_{wc}^*, I_{wc}^*)}{\pi_{sc}(Q_{sc}^*, I_{sc}^*)}(c-\upsilon)$,$o_{\max} = (1 - \frac{\pi_s(Q_{wc}^*, I_{wc}^*)}{\pi_{sc}(Q_{sc}^*, I_{sc}^*)})(c-\upsilon)$。

证明 若供应商是风险中性的,在组合契约 (o, e, λ) 下,供应商和零售商的期望利润可表示为

$$\pi_s(o) = \frac{c-o-\upsilon}{c-\upsilon}\pi_{sc}(Q_{sc}^*, I_{sc}^*) \quad (2\text{-}54)$$

$$\pi_r(o) = \frac{o}{c-\upsilon}\pi_{sc}(Q_{sc}^*, I_{sc}^*) \quad (2\text{-}55)$$

对等式（2-56）和等式（2-57）关于 o 分别求导

$$\frac{\partial \pi_s(o)}{\partial o} = -\frac{1}{c-\upsilon}\pi_{sc}(Q_{sc}^*, I_{sc}^*) < 0 \quad (2\text{-}56)$$

$$\frac{\partial \pi_r(o)}{\partial o} = \frac{1}{c-\upsilon}\pi_{sc}(Q_{sc}^*, I_{sc}^*) > 0 \quad (2\text{-}57)$$

表明，$\pi_s(o)$ 关于 o 单调递减，而 $\pi_r(o)$ 关于 o 单调递增。因此，当期权价格 o 满足 $(c-\upsilon)\pi_r(Q_{wc}^*, I_{wc}^*)/\pi_{sc}(Q_{sc}^*, I_{sc}^*) \leqslant o \leqslant (1-\pi_s(Q_{wc}^*, I_{wc}^*)/\pi_{sc}(Q_{sc}^*, I_{sc}^*))(c-\upsilon)$ 时，与批发价格契约相比，供应链双方中没有任何一方的期望利润会减少，证毕。

命题 2-8 是命题 2-7 的特殊情况，其更加直观地展示了期权价格的可行域依赖于批发价格契约下供应商和零售商的期望利润。在批发价格契约下，零售商的期望利润随着其议价能力的增加而增加。由于供应链协调后的期望利润是恒定的，表明零售商可从供应链协调策略中获得的额外利润随着其议价能力的增加而减少。相反地，当零售商的议价能力减小时，零售商能够从供应链协调策略中获得的额外利润就越多。因此，组合契约在本质上增强了零售商的议价能力。

2.3.5 营销努力的影响分析

从命题 2-4 可以看出，要使供应链实现协调需要有 $\lambda = (c-o-\upsilon)/(\eta(p-\upsilon)-p+c)$，表明单一期权契约不能协调含有营销努力行为的供应链。然而，当零售商不实施营销活动时，单一期权契约能否实现供应链协调呢？本小节将探讨这个问题。

我们使用上标"n"表示无营销努力的情形。在集中决策下，集中决策虚拟主体仅需要决定生产量来实现全局利润最优，则虚拟主体的期望利润为

$$\begin{aligned}\pi_{sc}^n(Q_{sc}^n) &= E[p\min\{Q_{sc}^n, D(x)\} + \upsilon\max\{Q_{sc}^n - D(x), 0\} - cQ_{sc}^n] \\ &= (p-c)Q_{sc}^n - (p-\upsilon)\int_L^{Q_{sc}^n} F(x)\mathrm{d}x\end{aligned} \quad (2\text{-}58)$$

通过等式（2-58）易得 $\partial^2 \pi_{sc}^n(Q_{sc}^n)/\partial Q_{sc}^{n\,2} = -(p-\upsilon)f(Q_{sc}^n) < 0$，表明 $\pi_{sc}^n(Q_{sc}^n)$ 是关于 Q_{sc}^n 的凹函数。通过一阶最优条件可得虚拟主体的最优生产量为 $Q_{sc}^{n*} = F^{-1}\big((p-c)/(p-\upsilon)\big)$。

在期权契约下，完全理性供应商的问题是寻求最优生产量来实现期望利润最大化，其期望利润可表示为

$$\pi_m^n(Q_{cc}^n) = E[e\min\{Q_{cc}^n, D(x)\} + \upsilon \max\{Q_{cc}^n - D(x), 0\} + oQ_{cc}^n - cQ_{cc}^n] \\ = E[(e+o-c)Q_{cc}^n - (e-\upsilon)(Q_{cc}^n - D(x))^+] \quad (2\text{-}59)$$

风险规避供应商的问题则可表述为

$$\max_{Q_{cc}^n} CVaR_\eta(\pi_s^n(Q_{cc}^n)) = \max_{Q_{cc}^n} \max_{\alpha \in R}\left\{\alpha - \frac{1}{\eta} E[\alpha - \pi_s^n(Q_{cc}^n)]^+\right\} \quad (2\text{-}60)$$

与命题 2-1 的证明过程相似，易证得风险规避供应商的最优生产量为

$$Q_{cc}^{n*} = F^{-1}\left(\eta \frac{e+o-c}{e-\upsilon}\right) \quad (2\text{-}61)$$

要使得供应链实现协调，需要 $Q_{cc}^{n*} = Q_{sc}^{n*}$，则可得如下命题。

命题 2-9 若零售商不实施营销努力，供应链实现协调时期权契约参数 (o, e) 需满足集合 M^n：

$$M^n = \left\{(e, o, \lambda): e = \frac{\eta(c-o)(p-\upsilon) - (p-c)\upsilon}{\eta(p-\upsilon) - p + c}, o \in [0, c-\upsilon)\right\}$$

其中，$(p-\upsilon-o)/(p-\upsilon) < \eta \leqslant 1$。

证明 证明过程与命题 2-4 的证明过程一致，故省略。

命题 2-9 表明，当零售商不实施营销努力时，单一期权契约能够实现供应链协调。若供应商是完全理性的，命题 2-9 与文献[62]中的命题 4 一致。

批发价格契约下，零售商的问题可表述为

$$\max_{Q_{wc}^n} \pi_r^n(Q_{wc}^n) = E[p\min\{Q_{wc}^n, D(x)\} + \upsilon \max\{Q_{wc}^n - D(x), 0\} - wQ_{wc}^n] \quad (2\text{-}62)$$

通过等式（2-62），易证得零售商的最优订购量为 $Q_{wc}^{n*} = F^{-1}\big((p-w)/(p-\upsilon)\big)$。若供应商接受零售商的订购且按订单生产，其期望利润为 $\pi_s^n(Q_{wc}^{n*}) = (w-c)Q_{wc}^{n*}$。

由 $Q_{wc}^* > Q_{wc}^{n*}$ 可得 $\pi_r(Q_{wc}^*, I_{wc}^*) > \pi_r^n(Q_{wc}^{n*})$ 和 $\pi_s(Q_{wc}^*, I_{wc}^*) > \pi_s^n(Q_{wc}^{n*})$，表明，若零售商实施营销努力，供应商和零售商均能够获益。特别地，组合契约下，当 $o=(1-\pi_s^n(Q_{wc}^{n*})/\pi_{sc}(Q_{sc}^*, I_{sc}^*))(c-v)$ 时，零售商可获得因供应链协调和营销努力供应链系统增加的所有额外利润。

2.4 数值分析

本小节主要是通过数值分析来直观地展示组合契约下期权价格对供应链各方期望利润的影响，以及供应商风险规避程度对供应链契约设计和供应链整体利润分配的影响，同时还讨论了营销努力成本系数对供应链整体利润的影响。在我们的研究中，假定产品市场需求的随机扰动因子在[1000,2000]上服从均匀分布，在满足模型假设的条件下，其他相应的参数分别设置为 $p=30$，$c=10$，$w=18$，$v=5$。为便于计算，参考文献[178-179]，假设 $a(I)=I$ 和 $C(I)=kI^2$，其中，k 为零售商实施营销努力的成本系数。在这里，假设 $k=0.02$，则集中决策下供应链整体的最优决策为 $I_{sc}^*=500$ 和 $Q_{sc}^*=2300$，期望利润为 $\pi_{sc}(Q_{sc}^*,I_{sc}^*)=33\,000$，分散决策下无协调契约时供应链的最优决策为 $I_{wc}^*=300$ 和 $Q_{wc}^*=1780$，供应商和零售商的期望利润分别为 $\pi_s(Q_{wc}^*,I_{wc}^*)=14240$ 和 $\pi_r(Q_{wc}^*,I_{wc}^*)=16680$。表明集中决策下供应链整体的期望利润大于分散决策下供应链的整体期望利润。

当供应链实现协调时，图 2-1 和图 2-2 描述了不同风险规避程度下期权价格对供应链各方期望利润的影响，供应商的期望利润随着期权价格的增加而减小，而零售商的期望利润随着期权价格的增加而增加，这与推论 2-3 是一致的。若 $\eta=0.95$，则当期权价格满足 $3.00 \leqslant o \leqslant 3.54$ 时，与批发价格契约相比，供应链实现了 Pareto 改进，此时供应商和零售商均愿意接受组合契约。在实践中，零售商只需要通过调整期权价格即可实现供应链整体利润的自由分配。特别地，当期权价格 $o=o_{max}=3.54$ 时，占主导地位的零售商将获取所有的额外利润，而供应商的期望利润等于批发价格契约下的期望利润。

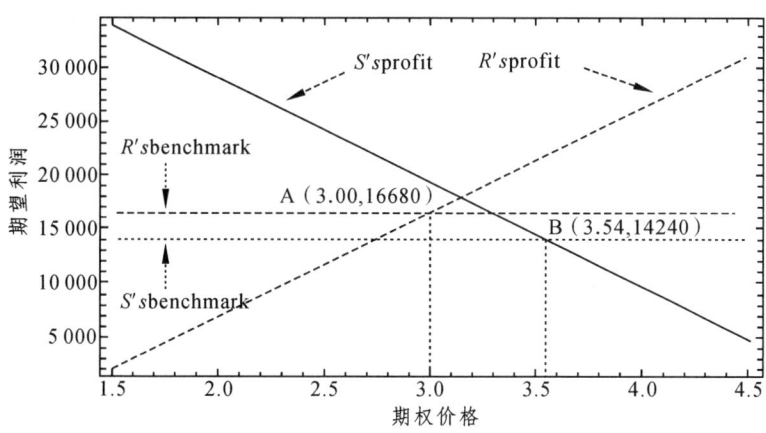

图 2-1　$\eta = 0.95$ 时供应链协调下期权价格对供应链双方期望利润的影响

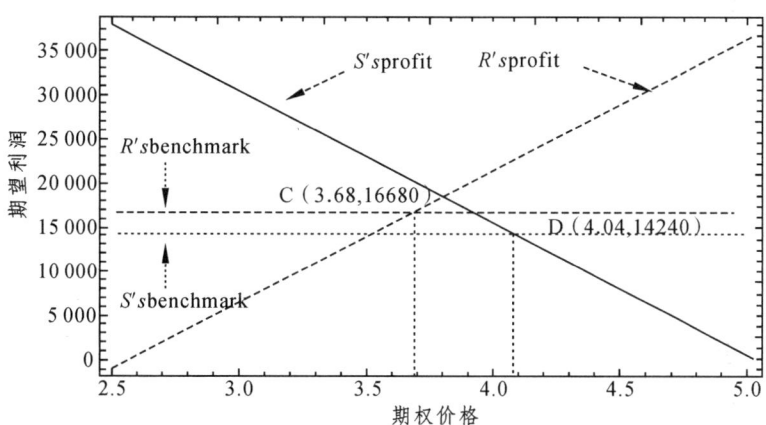

图 2-2　$\eta = 0.9$ 时供应链协调下期权价格对供应链双方期望利润的影响

此外，由图 2-1 和图 2-2 还可看出，供应商的风险规避程度不仅影响供应链协调条件而且还制约着供应链整体利润的分配，若给定供应商和零售商期望利润的分配比例，供应商的风险规避程度越高，零售商需要制定的期权价格越高。当供应商的风险规程程度增加，期权价格可行域缩小。若保持期权价格恒定，当供应商的风险规避系数增大时，供应商的期望利润减小而零售商的期望利润增大，表明供应商的风险规避程度是协调契约设计和供应链系统利润分配的重要因素。

接下来，我们将讨论营销努力成本因子对供应链整体利润的影响。在集中决策和协调条件下，供应链的最优生产量为 $Q_{sc}^{*}=F^{-1}((p-c)/(p-v))+(p-c)/(2k)$，由此可获得 $\partial Q_{sc}^{*}/\partial k=-(p-c)/(2k^{2})<0$，即 Q_{sc}^{*} 是关于 k 单调递减的，相应地，供应链全局最优利润也是随着 k 的增加而减小。图2-3直观地展示了营销努力成本系数对供应链整体利润的影响，营销努力成本系数越大，供应链整体利润越小。表明，当营销成本较低时，零售商愿意提高营销努力水平，同时零售商也会从供应链协调策略中获得更多的额外利润。

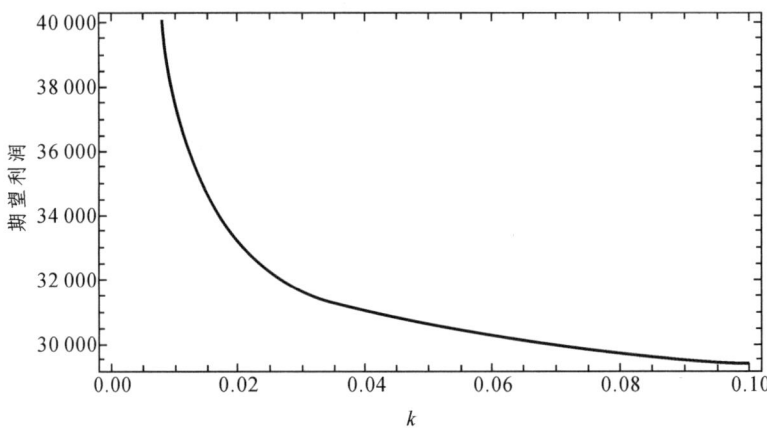

图2-3 营销努力成本因子对供应链期望利润的影响

2.5 小　结

众所周知，合作已成为供应链管理的主流意识。本章节针对由一个风险规避的供应商和一个风险中性的零售商组成的二级供应链。其中，供应链双方的所有信息是完全共享的，零售商在供应链中占主导地位，且可以实施营销努力来扩大市场需求。本章从零售商的角度提出由期权和成本分担构成的组合契约，采用 CVaR 风险度量准则刻画供应商的风险规避行为，构建以零售商为主导的 Stackelberg 博弈模型，给出供应链协调策略，主要讨论供应商的风险规避程度对供应商的最优生产量、供应链协调策略以及供应链利润分配的影响。主要研究结果如下：

第 2 章 考虑风险规避与营销努力的零售商主导型供应链期权协调策略

研究表明:

(1) 风险规避供应商的最优生产量不大于风险中性供应商的最优生产量,且最优生产量随着风险规避程度的增加而减小。

(2) 在组合契约下,当且仅当供应商的风险规避系数大于某个阈值时供应链才能实现协调,且这个阈值与期权价格呈负相关关系,那就是说,供应商需要承担一定的风险才能使得供应链达到协调。

(3) 当供应链实现协调时,零售商的期望利润随着期权价格的增加而增加,供应商的期望利润随着期权价格的增加而减少,其揭示供应链协调下的系统利润可以通过期权价格自由地分配。

(4) 当供应链实现协调时,若给定供应链系统利润在供应商和零售商之间的分配比例,供应商的风险规避程度越高,期权价格越高。

(5) 当供应链实现协调时,若给定某一期权价格,供应商的期望利润随着其风险规避程度的增加而增加,零售商的期望利润随着供应商的风险规避程度的增加而减小。

(6) 当零售商实施营销努力时,单一期权契约不能实现协调,但单一期权契约能够协调无营销努力时的供应链。

此外,本章的理论模型和数值分析结果带来了有益的管理启示。首先,由期权和成本分担构成的组合契约可以有效解决双重边际问题、提高供应链整体绩效并实现供应链协调。当供应链达到协调时,组合契约的其他参数均为关于期权价格的函数,表明组合契约在实践中是很容易实施的。从供应链合作的角度上讲,占主导地位的零售商仅需要调整期权价格即可确保供应链双方的期望利润都增加。特别地,作为供应链的领导者,零售商也可确立一个极端的期权价格,在保证供应商的期望利润不受损害的前提下获得供应链协调后供应链整体增加的所有额外利润。其次,如前所述,当且仅当供应商的风险规避程度不太高时,供应链才能实现协调,表明供应商的风险规避程度是组合契约设计的一个关键因素。最后,当零售商实施营销努力时,产品市场需求增加,供应商和零售商均能从中获益。特别地,占主导地位的零售商通过调整组合契约能够获得供应链系统因营销努力而增加的所有利润。

第 3 章
考虑风险规避与质量和营销努力的零售商主导型供应链期权协调策略

3.1 引　言

在实践中，企业不仅可以通过营销努力来提供优质的顾客服务以增加消费者对产品的购买意愿，同时还可加大新技术和管理的投入来提供产品质量，以此来扩大市场需求。事实上，质量作为衡量产品优劣的一个重要维度，已成为影响顾客购买行为的第二个重要因素[75]。也就是说，研究同时考虑产品质量和营销努力的零售商主导型供应链管理和协调问题则显得尤为必要。

与此同时，作为一种新型的集成式供应链管理思想，供应商管理库存（VMI）受到了理论界和实务界的广泛推崇。VMI 模式能够帮助零售商转移库存风险、增加竞争优势并提高供应链整体绩效[186]，自沃尔玛和宝洁公司成功运用以来，VMI 模式被越来越多的大型零售商（如 K-mart、Home Depot、JC Penny 等企业）广泛采用[187-190]。在 VMI 模式下，零售商不再承担库存管理职责并将自己的库存决策权转移到上游供应商的手中，并且为供应商提供透明的市场信息，同时供应商由于能够获取更加真实的市场需求信息而能更好地制定生产决策[191-192]。事实上，VMI 供应链管理模式在一定程度上缓解了"牛鞭效应"带来的不利影响，使得供应商能够更加准确地制定生产决策，从而降低库存成本并提高供应链绩效[193]，但 VMI 模式并不能使供应链实现协调，供应链协调仍然是企业进一步提高供应链绩效和竞争力的关键问题[194]。

基于以上分析，本章在第 2 章的基础上，以由一个风险规避的供应商和一个风险中性且占主导地位的零售商组成的二级 VMI 供应链为研究对象，考虑市场需求同时受产品质量和营销努力水平的影响，运用 CVaR 准则刻画供应商的风险规避特征，构建以零售商为主导的 Stackelberg 博弈模型，首先考虑无协调契约时分散决策下和集中决策下供应链的最优策略，采用由期权和成本分担构成的组合契约来探讨供应链的协调策略问题以及供应商风险规避行为对供应链协调契约设计和利润分配的影响。与第 2 章相比，本章进一步考虑了市场需求同时依赖于产品质量和营销努力水平，探讨由期权和成本分担构成的组合契约是否还能实现供应链协调和 Pareto 改进，是否需要引入新的契约参数。

3.2 模型描述与假设

考虑由一个风险规避的供应商和一个风险中性的零售商组成的单周期二级 VMI 供应链，零售商在供应链中占主导地位，是供应链协调契约的制定者，在整个周期内供应商负责管理库存并承担库存风险。假设供应商和零售商之间的所有信息是完全共享的，产品市场需求 D 是随机的且依赖于产品的质量水平 q 和零售商的营销努力水平 s，记 $D = a - p + \alpha q + \beta s + x$，其中：$a$ 为产品需求的初始规模，其与产品质量和营销努力水平无关，$a > 0$；p 为由市场决定的产品零售价格；α 为顾客需求对产品质量的敏感系数，β 为顾客需求对营销努力水平的敏感系数，$\alpha > 0$，$\beta > 0$；x 为需求随机扰动因子，假定 x 在 $[L, U]$ 服从概率密度函数为 $f(x)$、累计分布函数为 $F(x)$ 的分布，且 $F(x)$ 为连续、可微、单调递增函数。该需求函数表示，产品质量水平和营销努力水平越高，产品市场需求就越大，类似的线性需求函数在供应链运作管理文献中已得到广泛应用[76,108]。在后文中，为便于书写，记 $d(q,s) = a - p + \alpha q + \beta s$。

在现实中，产品质量水平越高，供应商需要投入的成本越多，且投入成本关于产品质量水平是边际递减的。记产品质量成本为 $C_q(q) = mq^2/2$，该成本函数与文献[76]是一致的。同样地，营销努力水平的投入成本也是边际递减的，记营销努力成本为 $C_s(s) = ns^2/2$。假定供应商的生产成本为 c，产品批发价格为 w，期末时刻未出售的产品残值为 v。为了便于模型分析且不失一般性，不考虑产品的缺货损失。我们使用上标 s、r 和 sc 分别代表供应商、零售商和供应链，且使用下标 I、w 和 cc 分别表示集中决策情形、无协调契约的分散决策情形和有协调契约的情形。

供应商的风险规避特征仍采用 CVaR 风险度量准则来刻画，供应商的目标是实现 CVaR 值的最大化。

3.3 基本模型构建与求解

3.3.1 分散化供应链决策

无协调契约时，在销售季节前，作为供应链的领导者，零售商率先确定营销努力水平 s_w，随后，供应商决定产品质量水平 q_w 并根据对市场需求的预测确定生产量 Q_w。销售季节开始后，市场需求实现，零售商根据真实的市场需求向供应商以批发价格 w 采购产品并以零售价格 p 进行销售，且最大采购量为供应商的生产量。期末时刻，若市场需求小于供应商生产量，则供应商承担生产过剩损失并进行残值处理。分散决策下，零售商和供应商之间展开 Stackelberg 博弈，对于这类问题的求解，一般采用逆向归纳法，先求出供应商的产品质量水平和生产量，再求解零售商的营销努力水平。

在 CVaR 准则下，供应商的问题是寻求最优的产品质量水平和生产量来实现自身 CVaR 的最大化，该问题可表述为

$$\max_{Q_w, q_w} CVaR_\eta(\pi_w^s) = \max_{Q_w, q_w} \max_{\varphi \in R} \left\{ \varphi - \frac{1}{\eta} E[\varphi - \pi_w^s]^+ \right\} \quad (3-1)$$

其中，

$$\pi_w^s = w \min\{Q_w, D_w\} + \upsilon \max\{Q_w - D_w, 0\} - cD_w - C_q(q_w) \quad (3-2)$$

求解该问题，可得供应商的最优生产量和最优的产品质量水平。

命题 3-1 在 CVaR 准则下，供应商存在唯一的最优生产量 Q_w^* 和最优的产品质量水平 q_w^*，其满足

$$Q_w^* = F^{-1}\left(\eta \frac{w-c}{w-\upsilon}\right) + d(q_w^*, s_w) \quad (3-3)$$

第 3 章 考虑风险规避与质量和营销努力的
零售商主导型供应链期权协调策略

$$q_w^* = \frac{\alpha(w-c)}{m} \qquad (3\text{-}4)$$

证明 根据等式（3-1）可知，要求解供应商最优的生产量和最优的产品质量水平，首先需要求解出最优的 φ。令 $g(\varphi,Q_w,q_w) = \varphi - \frac{1}{\eta}E[\varphi - \pi_h^s]^+$，将等式（3-2）代入上式，整理可得

$$\begin{aligned}g(\varphi,Q_w,q_w) = &\varphi - \frac{1}{\eta}\int_L^{Q_w-d(q_w,s_w)}[\varphi - (w-c)Q_w - \\&(w-\upsilon)(d(q_w,s_w)+x) + C_q(q_w)]^+ dF(x) - \\&\frac{1}{\eta}\int_{Q_w-d(q_w,s_w)}^{U}[\varphi - (w-c)Q_w + C_q(q_w)]^+ dF(x)\end{aligned} \qquad (3\text{-}5)$$

分三种情形进行讨论，为了便于书写，令 $\varphi_1 = (\upsilon-c)Q_w - (w-\upsilon)d(q_w,s_w) - C_q(q_w)$ 和 $\varphi_2 = (w-c)Q_w - C_q(q_w)$。与命题 2-1 的讨论过程一致，可得 $\varphi^* = \varphi_2$。

将 $\varphi^* = \varphi_2$ 代入等式（3-5），可得

$$g(\varphi^*,Q_w,q_w) = \varphi_2 - \frac{1}{\eta}\int_L^{Q_w-d(q_w,s_w)}(w-\upsilon)(Q_w - d(q_w,s_w) - x)dF(x) \qquad (3\text{-}6)$$

求得 $g(\varphi^*,Q_w,q_w)$ 关于 Q_w 和 q_w 的黑塞矩阵为

$$\left|\begin{array}{cc}\dfrac{\partial^2 g(\varphi^*,Q_w,q_w)}{\partial Q_w^2} & \dfrac{\partial^2 g(\varphi^*,Q_w,q_w)}{\partial Q_w \partial q_w} \\ \dfrac{\partial^2 g(\varphi^*,Q_w,q_w)}{\partial Q_w \partial q_w} & \dfrac{\partial^2 g(\varphi^*,Q_w,q_w)}{\partial q_w^2}\end{array}\right| = \frac{w-\upsilon}{\eta}mf(Q_w - d(q_w,s_w)) > 0 \qquad (3\text{-}7)$$

则 $g(\varphi^*,Q_w,q_w)$ 关于 Q_w 和 q_w 的黑塞矩阵为负定的，表明 $g(\varphi^*,Q_w,q_w)$ 是关于 Q_w 和 q_w 的联合凹函数，存在唯一最优的供应商生产量和最优产品质量水平。

对 $g(\varphi^*,Q_w,q_w)$ 关于 Q_w 和 q_w 求一阶导数

$$\frac{\partial g(\varphi^*,Q_w,q_w)}{\partial Q_w} = w - c - \frac{w-\upsilon}{\eta}F(Q_w - d(q_w,s_w)) \qquad (3\text{-}8)$$

$$\frac{\partial g(\varphi^*,Q_w,q_w)}{\partial q_w} = \alpha\frac{w-\upsilon}{\eta}F(Q_w - d(q_w,s_w)) - mq_w \qquad (3\text{-}9)$$

令 $\partial g(\varphi^*, Q_w, q_w)/\partial Q_w = 0$ 和 $\partial g(\varphi^*, Q_w, q_w)/\partial q_w = 0$，供应商的最优生产量 Q_w^* 和最优产品质量水平分别 q_w^* 为

$$Q_w^* = F^{-1}\left(\eta \frac{w-c}{w-\upsilon}\right) + d(q_w^*, s_w) \quad （3-10）$$

$$q_w^* = \frac{\alpha(w-c)}{m} \quad （3-11）$$

故命题 3-1 得证。

给定任意的营销努力水平，命题 3-1 刻画了供应商的最优反应函数。进一步可得如下推论。

推论 3-1 供应商的最优生产量 Q_w^* 随着风险规避系数 η 的增加而增加，但最优的产品质量水平 q_w^* 与风险规避程度无关。

证明 运用隐函数理论可得

$$\begin{aligned}\frac{\partial Q_w^*}{\partial \eta} &= -\frac{\partial^2 g(\varphi^*, Q_w, q_w)}{\partial Q_w \partial \eta} \bigg/ \frac{\partial^2 g(\varphi^*, Q_w, q_w)}{\partial Q_w^2} \\ &= \frac{F(Q_w - d(q_w, s_w))}{nf(Q_w - d(q_w, s_w))} > 0\end{aligned} \quad （3-12）$$

又易得 $\partial q_w^*/\partial \eta = 0$，故推论 3-1 得证。

推论 3-1 表明，最优的产品质量水平不受供应商风险规避程度的影响，但供应商的风险规避程度会影响其最优生产量。供应商风险规避程度越高，其最优生产量越小。当供应商为风险中性时，供应商的最优生产量为 $Q_w^* = F^{-1}(w-c)/(w-\upsilon)) + d(q_w^*, s_w)$，表明风险规避供应商的最优生产量不大于风险中性供应商的最优生产量，在实践中，这是合理的，因为风险规避的供应商宁愿牺牲部分收益来获取稳定的利润，而不愿承担风险来追求更大的利润。另外，由命题 3-1 也可看出，最优的产品质量水平与零售价格无关，但零售价格会影响供应商的生产决策。

零售商作为 Stackelberg 博弈的领导者，其目标是在预期到供应商的反应函数后寻求最优的营销努力水平来实现自身期望利润的最大化。零售商的期望利润可表示为

第3章 考虑风险规避与质量和营销努力的
零售商主导型供应链期权协调策略

$$E\pi_w^r = E[(p-w)\min\{Q_w^*, D_w\} - C_s(s_w)]$$
$$= (p-w)\left(Q_w^* - \int_L^{Q_w^*-d(q_w^*, s_w)} F(x)\mathrm{d}x\right) - \frac{1}{2}n(s_w)^2 \quad (3\text{-}13)$$

通过等式（3-13），可得命题 3-2。

命题 3-2 在分散决策下，零售商的最优营销努力水平 s_w^* 为

$$s_w^* = \frac{\beta(p-w)}{n} \quad (3\text{-}14)$$

证明 对等式（3-13）关于 s_w 求一阶偏导数和二阶偏导数可得

$$\frac{\partial E\pi_w^r}{\partial s_w} = \beta(p-w) - ns_w \quad (3\text{-}15)$$

$$\frac{\partial^2 E\pi_w^r}{\partial s_w^2} = -n < 0 \quad (3\text{-}16)$$

表明 $E\pi_w^r$ 是关于 s_w 的凹函数，零售商存在唯一的最优营销努力水平，通过一阶最优条件可得，零售商的最优营销努力水平 $s_w^* = \beta(p-w)/n$。证毕。

命题 3-2 给出了分散决策下零售商的最优营销努力水平，显然，零售商的最优营销努力水平与供应商的风险规避程度无关。由命题 3-2 可证得 $\partial s_w^*/\partial p > 0$，表明分散决策下最优的营销努力水平与零售价格成正相关。

因此，在分散决策下，供应链整体的最优期望利润为

$$E\pi_w^{sc*} = E\pi_w^{s*} + E\pi_w^{r*}$$
$$= (p-c)Q_w^* - (p-\upsilon)\int_L^{Q_w^*-d(q_w^*, s_w^*)} F(x)\mathrm{d}x - \frac{1}{2}m(q_w^*)^2 - \frac{1}{2}n(s_w^*)^2 \quad (3\text{-}17)$$

3.3.2 集中化供应链决策

在集中决策下，供应商和零售商集中为一个虚拟的决策主体。假定该决策主体是风险中性的，其目标是制定合理的营销努力水平 s_I、产品质量水平 q_I 和产品生产量 Q_I，以实现供应链整体期望利润最优。在集中决策下，供应链整体的期望利润可表示为

$$E\pi_I^{sc} = E[p\min\{Q_I, D_I\} + \upsilon\max\{Q_I - D_I, 0\} - cQ_I - C_q(q_I) - C_s(s_I)]$$
$$= (p-c)Q_I - (p-\upsilon)\int_L^{Q_I-d(q_I, s_I)} F(x)\mathrm{d}x - \frac{1}{2}m(q_I)^2 - \frac{1}{2}n(s_I)^2 \quad (3\text{-}18)$$

通过等式(3-18)，易证得 $E\pi_I^{sc}$ 关于 Q_I、q_I 和 s_I 的黑塞矩阵为负定的，即 π_I^{sc} 是关于 Q_I、q_I 和 s_I 的联合凹函数，于是，通过一阶最优化条件可得供应链整体唯一的最优营销努力水平、最优产品质量水平和最优生产量。

命题 3-3 在集中决策下，供应链整体的最优营销努力水平 s_I^*、最优产品质量水平 q_I^* 和最优生产量 Q_I^* 分别为

$$s_I^* = \frac{\beta(p-c)}{n} \tag{3-19}$$

$$q_I^* = \frac{\alpha(p-c)}{m} \tag{3-20}$$

$$Q_I^* = F^{-1}\left(\frac{p-c}{p-\upsilon}\right) + d(q_I^*, s_I^*) \tag{3-21}$$

通过比较分析，可知 $Q_w^* < Q_I^*$、$q_w^* < q_I^*$ 和 $e_w^* < s_I^*$。那就是说，供应链分散决策下的最优决策小于集中决策下的最优决策，进一步，通过等式(3-18)和等式(3-17)可以发现，供应链分散决策下的最优期望利润小于集中决策下供应链整体的最优期望利润（$E\pi_w^{sc*} < E\pi_I^{sc*}$），而作为供应链的领导者，零售商有动机制定协调契约来追求更高的利润。

3.4 供应链协调模型构建与分析

为实现供应链协调，零售商需要引入协调契约来加强与供应商之间的合作，本章考虑由期权和成本分担构成的组合契约 (o, e, λ)。其中：o 为期权价格，即零售商需要提前支付给供应商的单位产量保留费用；e 为执行价格，即当市场需求实现后，零售商通过执行期权向供应商采购产品的单位产品购买价格；λ 为成本分担系数，即供应商需要承担的质量和服务投入总成本的比例。在组合契约下，零售商不仅能够与供应商在产品质量和服务水平方面共同投资以达到集中决策下的最优策略，还能刺激供应商生产更多产品来满足不确定的市场需求。为避免不合理的情况，仍假设①$c - \upsilon > o \geq 0$；②$e > \upsilon > 0$；③$p > o + e > c > \upsilon$。

在组合契约下，事件的发生顺序如下：销售季节开始前，零售商通过协商

第3章 考虑风险规避与质量和营销努力的零售商主导型供应链期权协调策略

向供应商提供组合契约 (o,e,λ) 并独立决定营销努力水平 s_{cc}，随后供应商接受契约并制定产品质量水平 q_{cc}，且根据对市场需求的预测确定生产量 Q_{cc}；销售季节开始后，市场需求实现，零售商根据真实的市场需求向供应商以单位成本为执行价格 e 采购产品并以零售价格 p 进行销售，且零售商的最大采购量为 Q_{cc}；期末时刻，若市场需求小于供应商生产量，供应商承担生产过剩损失并进行残值处理。在整个事件过程中，零售商和供应商展开由零售商领导的 Stackelberg 博弈。

那么，在组合契约下，供应商的利润函数可表示为

$$\pi_{cc}^s = e\min\{Q_{cc},D_{cc}\} + oQ_{cc} + \upsilon\max\{Q_{cc}-D_{cc},0\} - cQ_{cc} - \lambda\left(C_q(q_{cc})+C_s(s_{cc})\right) \tag{3-22}$$

在 CVaR 准则下，供应商的问题表述为

$$\max_{Q_{cc},q_{cc}} CVaR_\eta(\pi_{cc}^s) = \max_{Q_{cc},q_{cc}} \max_{\varphi_{cc}\in R}\left\{\varphi_{cc} - \frac{1}{\eta}E[\varphi_{cc}-\pi_{cc}^s]^+\right\} \tag{3-23}$$

求解该问题，可得组合契约下供应商的最优生产量和最优的产品质量水平。

命题 3-4 在组合契约和 CVaR 准则下，供应商存在唯一的最优生产量 Q_{cc}^* 和最优的产品质量水平 q_{cc}^*，其满足

$$Q_{cc}^* = F^{-1}\left(\eta\frac{o+e-c}{e-\upsilon}\right) + d(q_{cc}^*, s_{cc}) \tag{3-24}$$

$$q_{cc}^* = \frac{\alpha(o+e-c)}{\lambda m} \tag{3-25}$$

证明 根据等式（3-23）可知，要求解供应商最优的生产量和最优的产品质量水平，首先需要求解出最优的 φ_{cc}。令 $g_{cc}(\varphi_{cc},Q_{cc},q_{cc}) = \varphi_{cc} - \frac{1}{\eta}E[\varphi_{cc}-\pi_{cc}^s]^+$，则有

$$\begin{aligned}g_{cc}(\varphi_{cc},Q_{cc},q_{cc}) = \varphi_{cc} &- \frac{1}{\eta}\int_L^{Q_{cc}-d(q_{cc},s_{cc})}[\varphi_{cc}-(o+\upsilon-c)Q_{cc}-\\&(e-\upsilon)(d(q_{cc},s_{cc})+x)+\lambda\left(C_q(q_{cc})+C_s(s_{cc})\right)]^+\mathrm{d}F(x) - \\&\frac{1}{\eta}\int_{Q_{cc}-d(q_{cc},s_{cc})}^U[\varphi_{cc}-(w-c)Q_{cc}+\lambda\left(C_q(q_{cc})+C_s(s_{cc})\right)]^+\mathrm{d}F(x)\end{aligned} \tag{3-26}$$

分三种情形进行讨论，为了便于书写，令

$$\varphi_1 = (o+\upsilon-c)Q_{cc} - (\upsilon-e)d(q_w,s_w) - \lambda\left(C_q(q_{cc}) + C_s(s_{cc})\right) \quad (3\text{-}27)$$

$$\varphi_2 = (e+o-c)Q_{cc} - \lambda\left(C_q(q_{cc}) + C_s(s_{cc})\right) \quad (3\text{-}28)$$

与命题 2-1 的讨论过程一致，可得 $\varphi_{cc}^* = \varphi_2$。

将 $\varphi_{cc}^* = \varphi_2$ 代入等式（3-26），可得

$$g_{cc}(\varphi_{cc}^*, Q_{cc}, q_{cc}) = \varphi_2 - \frac{1}{\eta}\int_L^{Q_{cc}-d(q_{cc},s_{cc})}(e-\upsilon)(Q_{cc}-d(q_{cc},s_{cc})-x)\mathrm{d}F(x) \quad (3\text{-}29)$$

求得 $g_{cc}(\varphi_{cc}^*, Q_{cc}, q_{cc})$ 关于 Q_{cc} 和 q_{cc} 的黑塞矩阵为

$$\begin{vmatrix} \dfrac{\partial^2 g_{cc}(\varphi_{cc}^*, Q_{cc}, q_{cc})}{\partial Q_{cc}^2} & \dfrac{\partial^2 g_{cc}(\varphi_{cc}^*, Q_{cc}, q_{cc})}{\partial Q_{cc}\partial q_{cc}} \\ \dfrac{\partial^2 g_{cc}(\varphi_{cc}^*, Q_{cc}, q_{cc})}{\partial Q_{cc}\partial q_{cc}} & \dfrac{\partial^2 g_{cc}(\varphi_{cc}^*, Q_{cc}, q_{cc})}{\partial q_{cc}^2} \end{vmatrix} = \frac{e-\upsilon}{\eta}mf\left(Q_{cc}-d(q_{cc},s_{cc})\right) > 0 \quad (3\text{-}30)$$

则 $g_{cc}(\varphi_{cc}^*, Q_{cc}, q_{cc})$ 关于 Q_{cc} 和 q_{cc} 的黑塞矩阵为负定的，表明 $g_{cc}(\varphi_{cc}^*, Q_{cc}, q_{cc})$ 是关于 Q_{cc} 和 q_{cc} 的联合凹函数，存在唯一最优的供应商生产量和最优产品质量水平。

对 $g_{cc}(\varphi_{cc}^*, Q_{cc}, q_{cc})$ 关于 Q_{cc} 和 q_{cc} 求一阶导数

$$\frac{\partial g_{cc}(\varphi_{cc}^*, Q_{cc}, q_{cc})}{\partial Q_{cc}} = o+e-c-\frac{e-\upsilon}{\eta}F(Q_{cc}-d(q_{cc},s_{cc})) \quad (3\text{-}31)$$

$$\frac{\partial g_{cc}(\varphi_{cc}^*, Q_{cc}, q_{cc})}{\partial q_{cc}} = \alpha\frac{e-\upsilon}{\eta}F(Q_{cc}-d(q_{cc},s_{cc})) - mq_{cc} \quad (3\text{-}32)$$

令 $\partial g_{cc}(\varphi_{cc}^*, Q_{cc}, q_{cc})/\partial Q_{cc} = 0$ 和 $\partial g_{cc}(\varphi_{cc}^*, Q_{cc}, q_{cc})/\partial q_{cc} = 0$，供应商的最优生产量 Q_{cc}^* 和最优产品质量水平分别 q_{cc}^* 为

$$Q_{cc}^* = F^{-1}\left(\eta\frac{o+e-c}{e-\upsilon}\right) + d(q_{cc}^*, s_{cc}) \quad (3\text{-}33)$$

$$q_{cc}^* = \frac{\alpha(o+e-c)}{\lambda m} \quad (3\text{-}34)$$

故命题 3-4 得证。

在组合契约下,给定任意的营销努力水平,命题 3-1 刻画了供应商的最优反应函数。零售商作为 Stackelberg 博弈的领导者,其问题是在预期到供应商的反应函数后寻求最优的营销努力水平来实现自身期望利润的最大化,该问题可表述为

$$\max_{s_{cc}} E\pi_{cc}^r = E\left[(p-e)\min\{Q_{cc}^*, D_{cc}\} - oQ_{cc}^* - (1-\lambda)\left(C_q(q_{cc}^*) + C_s(s_{cc})\right)\right] \quad (3\text{-}35)$$

通过等式(3-35),可得命题 3-5。

命题 3-5 在组合契约下,零售商的最优营销努力水平 s_{cc}^* 为

$$s_{cc}^* = \frac{\beta(p-e-o)}{(1-\lambda)n} \quad (3\text{-}36)$$

证明 通过等式(3-35),零售商的期望利润函数可改写为

$$E\pi_{cc}^r = (p-e-o)Q_{cc}^* - (p-e)\int_L^{Q_{cc}^* - d(q_{cc}^*, s_{cc})} F(x)\mathrm{d}x - (1-\lambda)\left(C_q(q_{cc}^*) + C_s(s_{cc})\right) \quad (3\text{-}37)$$

对等式(3-37)关于 s_{cc} 求一阶偏导数和二阶偏导数可得

$$\frac{\partial E\pi_{cc}^r}{\partial s_{cc}} = \beta(p-e-o) - (1-\lambda)ns_w \quad (3\text{-}38)$$

$$\frac{\partial^2 E\pi_{cc}^r}{\partial s_{cc}^2} = -(1-\lambda)n < 0 \quad (3\text{-}39)$$

表明,$E\pi_{cc}^r$ 是关于 s_{cc} 的凹函数,零售商存在唯一的最优营销努力水平,通过一阶最优条件可得,零售商的最优营销努力水平 $s_{cc}^* = \beta(p-e-o)/((1-\lambda)n)$,证毕。

根据文献[4],当且仅当 $Q_{cc}^* = Q_I^*$、$q_{cc}^* = q_I^*$ 以及 $s_{cc}^* = s_I^*$ 时,供应链实现协调。因此,可得命题 3-6。

命题 3-6 在组合契约 (o, e, λ) 下,当且仅当参数满足 $e = \dfrac{\eta(c-o)(p-\upsilon) - (p-c)\upsilon}{\eta(p-\upsilon) - p + c}$、

$\lambda = \dfrac{c-o-\upsilon}{\eta(p-\upsilon) - p + c}$ 和 $o > (1-\eta)(p-\upsilon)$ 时,供应链实现协调。

证明 由 $Q_{cc}^* = Q_I^*$、$q_{cc}^* = q_I^*$ 以及 $s_{cc}^* = s_I^*$ 可知 $\eta \dfrac{o+e-c}{e-\upsilon} = \dfrac{p-c}{p-\upsilon}$、$\dfrac{\alpha(o+e-c)}{\lambda m} = \dfrac{\alpha(p-c)}{m}$ 和 $\dfrac{\beta(p-e-o)}{(1-\lambda)n} = \dfrac{\beta(p-c)}{n}$，进一步整理可得

$$e = \dfrac{\eta(c-o)(p-\upsilon)-(p-c)\upsilon}{\eta(p-\upsilon)-p+c} \tag{3-40}$$

$$\lambda = \dfrac{c-o-\upsilon}{\eta(p-\upsilon)-p+c} \tag{3-41}$$

另外，为确保零售商通过执行期权能够获取利润，则有 $p > o+e$，进而有

$$o > (1-\eta)(p-\upsilon) \tag{3-42}$$

故命题 3-6 得证。

命题 3-6 给出了组合契约能够协调供应链的条件。由于 $o > (1-\eta)(p-\upsilon)$，则有 $(p-\upsilon-o)/(p-\upsilon) < \eta$。那就是说，当且仅当供应商风险规避程度不太高时，供应链才能实现协调。其也表明，供应商需要承担一定的风险才能使得供应链实现协调。若 $(p-\upsilon-o)/(p-\upsilon) \geqslant \eta$，则有 $o+e \geqslant p$，此时零售商通过执行期权不会带来收益。在实践中，该类组合契约不会被零售商提供。此外，由 $o > (1-\eta)(p-\upsilon)$ 可知 $\eta(p-\upsilon)-p+c > 0$，进而有

$$\dfrac{\partial e}{\partial o} = -\dfrac{\eta(p-\upsilon)}{\eta(p-\upsilon)-p+c} < 0 \tag{3-43}$$

$$\dfrac{\partial \lambda}{\partial o} = -\dfrac{1}{\eta(p-\upsilon)-p+c} < 0 \tag{3-44}$$

即当供应链实现协调时，期权执行价格和成本分担系数均与期权价格呈负相关关系。进一步，可得到如下推论。

推论 3-2 在组合契约下，当供应链实现协调时，供应商的期望利润随着期权价格的增加而减小，而零售商的期望利润随着期权价格的增加而增加。

证明 将 $e = \dfrac{\eta(c-o)(p-\upsilon)-(p-c)\upsilon}{\eta(p-\upsilon)-p+c}$ 和 $\lambda = \dfrac{c-o-\upsilon}{\eta(p-\upsilon)-p+c}$ 代入等式（3-22），供应商的期望利润函数可改写为

$$E\pi_{cc}^s(o) = \frac{c-o-\upsilon}{\eta(p-\upsilon)-p+c}(p-c)Q_I^* - \frac{c-o-\upsilon}{\eta(p-\upsilon)-p+c}\left(C_q(q_I^*) + C_s(s_I^*)\right) - $$
$$\frac{(c-o-\upsilon)\eta}{\eta(p-\upsilon)-p+c}(p-\upsilon)\int_L^{F^{-1}\left(\frac{p-c}{p-\upsilon}\right)} F(x)\mathrm{d}x \tag{3-45}$$

对 $E\pi_{cc}^s(o)$ 关于 o 求一阶导数可得

$$\frac{\partial E\pi_{cc}^s(o)}{\partial o} = -\frac{1}{\eta(p-\upsilon)-p+c}(p-c)Q_I^* + \frac{1}{\eta(p-\upsilon)-p+c}$$
$$\left(C_q(q_I^*) + C_s(s_I^*)\right) + \frac{\eta}{\eta(p-\upsilon)-p+c}(p-\upsilon)\int_L^{F^{-1}\left(\frac{p-c}{p-\upsilon}\right)} F(x)\mathrm{d}x \tag{3-46}$$

显然，$\partial E\pi_{cc}^s(o)/\partial o < 0$。由于供应链协调下供应商和零售商的期望利润之和等于集中决策下的期望利润且为常数，则零售商的期望利润随着期权价格的增加而增加，证毕。

推论 3-2 表明，当组合契约满足 $e = \frac{\eta(c-o)(p-\upsilon)-(p-c)\upsilon}{\eta(p-\upsilon)-p+c}$ 和 $\lambda = \frac{c-o-\upsilon}{\eta(p-\upsilon)-p+c}$ 时，零售商只需要调整期权价格便能实现供应链整体利润的有效分配。在实践中，零售商仅需要制定合理的期权价格（或组合契约），便能确保供应链双方的期望利润在原有基础上（无协调契约时）不受到损害，该组合契约能够使得供应链双方实现 Pareto 改进。

推论 3-3 在组合契约的协调下，给定某一期权价格，供应商的期望利润随着其风险规避程度的增加而增加，而零售商的期望利润随着供应商的风险规避程度的增加而减小。

证明 对等式（3-45）关于 η 求一阶导数，可得

$$\frac{\partial E\pi_{cc}^s(o)}{\partial \eta} = -\frac{(c-o-\upsilon)(p-\upsilon)}{(\eta p - \eta \upsilon - p + c)^2}\left((p-c)Q_I^* + C_q(q_I^*) + C_s(s_I^*)\right) +$$
$$\frac{(c-o-\upsilon)(p-\upsilon)}{(\eta p - \eta \upsilon - p + c)^2}\eta(p-\upsilon)\int_L^{F^{-1}\left(\frac{p-c}{p-\upsilon}\right)} F(x)\mathrm{d}x -$$
$$\frac{(c-o-\upsilon)(p-\upsilon)}{\eta p - \eta \upsilon - p + c}\int_L^{F^{-1}\left(\frac{p-c}{p-\upsilon}\right)} F(x)\mathrm{d}x \tag{3-47}$$

显然，$\partial E\pi_{cc}^s(o)/\partial \eta < 0$，即供应商的期望利润随着其风险规避程度的增加而增加。由于供应链协调下供应商和零售商的期望利润之和等于集中决策下的期望利润，零售商的期望利润随着供应商风险规避程度的增加而减小。

推论 3-3 表明，在给定期权价格的条件下，当供应商风险规避程度增加时，零售商需要牺牲部分收益来确保供应链实现协调，从而导致供应商的期望利润随着其风险规避程度的增加而增加，而零售商则相反。这是因为供应商风险规避程度越高，零售商需要支付更高的期权执行价格才能使得供应链实现协调。因此，推论 3-3 也表明，供应商的风险规避程度是供应链整体利润分配和协调契约制定的关键参考变量。

3.5 数值分析

本小节主要是通过数值分析来直观地展示组合契约下期权价格对供应链各方期望利润的影响，以及供应商风险规避程度对供应链契约设计和供应链整体利润分配的影响。在我们的研究中，假定产品市场需求的随机扰动因子在 $[-500,500]$ 上服从均匀分布，在满足模型假设的条件下，其他相应的参数分别设置为 $p=30$、$c=10$、$w=18$、$\upsilon=5$、$a=1000$、$\alpha=2$、$\beta=1$、$m=0.05$、$n=0.02$ 和 $\eta=0.9$。分散决策下供应商的最优生产量、最优产品质量水平以及相应的期望利润分别为 $Q_w^*=1600$、$q_w^*=160$ 和 $E\pi_w^{s*}=11520$，零售商的最优营销努力水平和相应的期望利润分别为 $s_w^*=300$ 和 $E\pi_w^{r*}=14520$。集中决策下供应链整体的期望利润为 $E\pi_I^*=31000 > E\pi_w^{s*}+E\pi_w^{r*}$。表明集中决策下供应链整体的期望利润大于分散决策下供应链的整体期望利润。

图 3-1 和图 3-2 描述了不同风险规避程度下期权价格对供应链各方期望利润的影响，供应商的期望利润随着期权价格的增加而减小，而零售商的期望利润随着期权价格的增加而增加，这与推论 3-2 是一致的。若 $\eta=0.95$，则当期权价格满足 $3.16 \leqslant o \leqslant 3.84$ 时，与无协调契约相比，供应链实现了 Pareto 改进。在实践中，零售商只需要通过调整期权价格即可实现供应链整体利润的自由分配。特别地，当期权价格 $o=3.84$ 时，占主导地位的零售商将获取所有的额外利润，

而供应商的期望利润等于无协调契约下的期望利润。

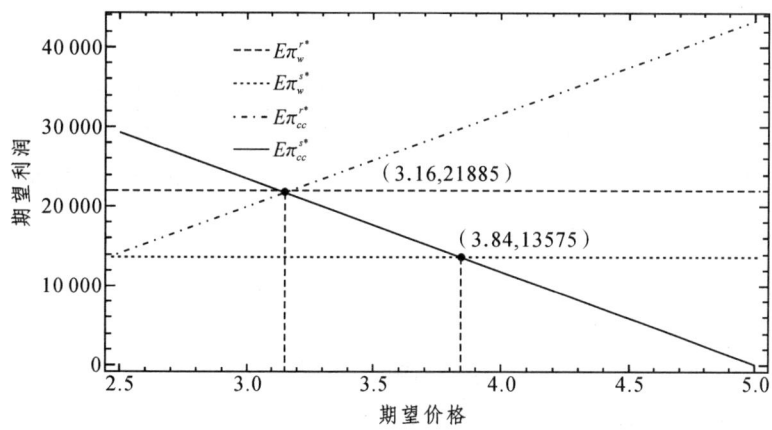

图 3-1　$\eta = 0.95$ 时供应链协调下期权价格对供应链双方期望利润的影响

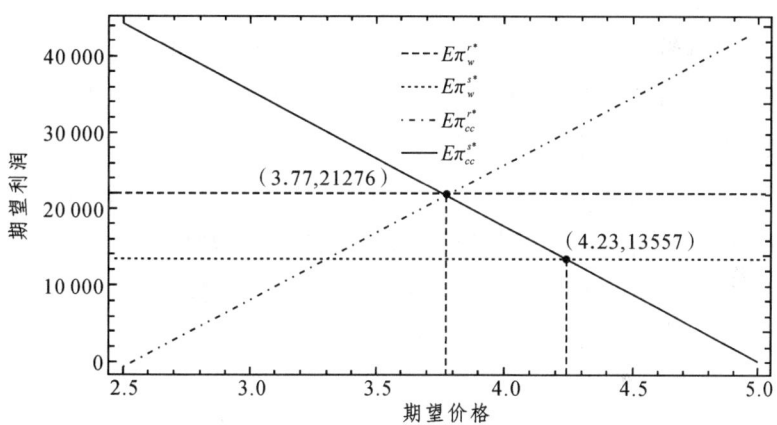

图 3-2　$\eta = 0.9$ 时供应链协调下期权价格对供应链双方期望利润的影响

此外，由图 3-1 和图 3-2 还可看出，给定供应商和零售商期望利润的分配比例，供应商风险规避程度越高，零售商需要制定的期权价格越高。保持期权价格恒定，当供应商风险规避系数增大时，供应商的期望利润减小而零售商的期望利润增大，这与推论 3-3 是一致的，表明供应商的风险规避程度是协调契约设计和供应链利润分配的重要因素。

3.6 小 结

本章在考虑市场需求受产品质量水平和营销努力水平影响的基础上,针对由一个风险规避的供应商与一个风险中性的零售商组成的 VMI 供应链,构建了以零售商为主导的 Stackelberg 博弈模型,并从零售商的角度提出由期权与成本分担组成的组合契约,研究了供应链协调和利润分配问题。

研究表明:

(1)供应商的最优生产量随着其风险规避程度的增加而减小,但最优的产品质量水平和营销努力水平与风险规避程度无关。

(2)组合契约在供应商风险规避程度较低时能够协调供应链并实现 Pareto 改进,当供应链实现协调时,期权执行价格与成本分担系数均与期权价格呈负相关关系。

(3)供应链协调下供应商的期望利润随着期权价格的增加而减小,零售商的期望利润随着期权价格的增加而增加,在实践中零售商仅需要调整期权价格即可实现供应链整体利润的自由分配。

(4)在给定期权价格的条件下,供应商的期望利润随着其风险规避程度的增加而增加,零售商的期望利润随着风险规避程度的增加而减小,供应商的风险规避是协调契约设计和供应链整体利润分配的关键因素。

第 4 章
考虑风险规避与质量竞争的
零售商主导型供应链期权协调策略

4.1 引 言

随着市场竞争的日益激烈,企业之间的竞争已由单纯的价格竞争转向产品质量竞争[195-196],产品质量改进成为企业之间的一种重要竞争手段,在快餐、软饮等行业已十分盛行[197],产品质量竞争环境下的供应链管理和协调问题则是当前的一个热点课题。Banker 等[198]较早地在三种不同的竞争背景下建立了寡头竞争模型,探讨了竞争强度对均衡质量水平的影响。El Ouardighi 和 Kim[199]在单个供应商分别和两个制造商合作改进产品质量的供应链背景下构建了一个非合作博弈框架。Xie 等[197]针对两条竞争的二级供应链研究了不同供应链合作方式下的 Nash 均衡,其中,每个供应商通过各自的下游企业向顾客提供产品,两种产品销售价格一样但质量水平不同。Ye 和 Mukhopadhyay[200]假定消费者偏好是异质的和随机的,研究了产品质量竞争和价格竞争下的双寡头问题。Hall 和 Porteus[201]研究了零售商同时存在服务质量竞争和价格竞争时的供应链协调问题。鲁其辉和朱道立[202]针对存在质量和价格竞争的两条二级供应链,考察三种不同情形下的供应链均衡和供应链协调问题。肖迪等[203]在由单个制造商和两个供应商构成的供应链系统中,研究了质量竞争和价格竞争同时作用下的供应链协调运作策略,分别从供应链集中决策、供应商合作、供应商不合作,以及混合情景下分析了供应链成员的博弈均衡,并讨论了价格竞争和质量竞争的激烈程度对不同情景下供应链均衡解的影响。张国兴等[204]还研究了同时存在价格、质量和服务三方面竞争的均衡与协调策略问题。然而,上述研究大多是在需求固定和风险中性的假设条件下进行的。在实践中，市场需求往往是随机的，且企业决策者面对由随机需求引起的供应不匹配风险经常表现出风险规避的特征。

基于以上分析，本章以由两个风险规避的供应商和一个风险中性且占主导地位的零售商组成的二级 VMI 供应链为研究对象，两供应商均通过零售商向最终的消费者销售两种可替代的短生命周期产品，为了扩大市场需求、获得更大的市场份额，两供应商采用产品质量竞争而不是价格竞争。仍然运用 CVaR 准则刻画供应商的风险规避特征，首先构建了无协调契约时分散化决策下的供应链模型和集中决策下的供应链模型，并以此作为供应链协调标准，分析无协调契约时质量竞争对最优生产量、最优产品质量水平、供应链效率的影响。然后采用由期权和成本分担构成的组合契约来探讨供应链协调策略和利润分配问题，讨论质量竞争和风险规避等关键因子对契约设计的影响。与本章内容最相近的研究是文献[197]，其也是考虑两种产品之间的质量竞争而非价格竞争。与文献[197]不同的是，本章考虑两个风险规避的供应商通过同一零售商销售两种质量竞争的产品，且产品的市场需求是随机的。另外，文献[198-201]也是考虑两家质量竞争的供应商组成的供应链，但其市场需求仍然是固定的，且没有考虑企业的决策偏好行为。

4.2 模型描述与假设

考虑由两个风险规避的供应商和一个风险中性的零售商组成的二级 VMI 供应链（供应链结构如图 4-1 所示）。其中，零售商在供应链占主导地位，是供应链协调契约的制定者。两供应商均通过零售商向最终的消费者销售两种可替代的短生命周期产品，且供应链各方的所有信息是完全共享的。为了扩大市场需求、获得更大的市场份额，两供应商采用产品质量竞争而不是价格竞争，这一现象在快餐、软饮和服装等行业已非常普遍[197]。

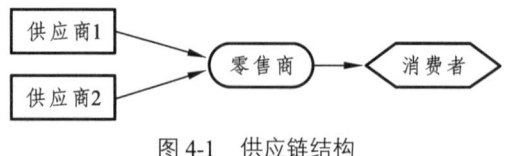

图 4-1 供应链结构

第 4 章 考虑风险规避与质量竞争的零售商主导型供应链期权协调策略

本章所涉及的主要符号总结如下：

i ——供应商或产品编号，$i = 1, 2$；

d_i ——第 i 个产品的所面临的确定性需求；

D_i ——第 i 个产品的所面临的市场需求；

c_i ——第 i 个产品的单位产品生产成本；

w_i ——第 i 个产品的单位产品批发价格；

p_i ——第 i 个产品的单位产品零售价格；

υ_i ——第 i 个产品的单位产品残值；

x_i ——第 i 个产品的市场需求随机扰动因子；

L_i ——随机扰动因子 x_i 的下边界；

U_i ——随机扰动因子 x_i 的上边界；

$f_i(x_i)$ ——随机扰动因子 x_i 的概率密度函数；

$F_i(x_i)$ ——随机扰动因子 x_i 的累计分布函数；

a_i ——第 i 个产品的市场需求的初始规模；

α ——市场需求对质量的敏感系数；

β ——质量竞争系数；

s_i ——第 i 个产品的质量水平；

Q_i ——第 i 个产品的生产量；

η_i ——第 i 个供应商的风险规避系数；

k_i ——第 i 个产品的质量改进成本系数；

o_i ——第 i 个产品的期权价格；

e_i ——第 i 个产品的期权执行价格；

λ_i ——第 i 个产品的成本分担系数；

π_{is} ——第 i 个供应商的利润；

π_r ——零售商的利润；

π_{sc} ——供应链整体的利润。

其中，Q_i 和 s_i 为决策变量，其他均为外生变量。产品的市场需求由两部分组成：确定部分和随机部分。借鉴文献[197]，第 i 个产品的所面临的确定性部分需求为

$$d_i(s_i, s_j) = a_i + \alpha s_i - \beta(s_j - s_i) \tag{4-1}$$

其中，$i=1,2$，$j=3-i$。$d_i(s_i,s_j)$ 表示当两种产品的质量水平给定时第 i 个产品所面临的质量依赖下的确定性需求；a_i 为市场需求的初始规模，其与两种产品的质量水平无关，$a_i > 0$；α 为市场需求对产品质量的敏感系数，$\alpha > 0$；β 为质量竞争系数，$\beta > 0$，描述两种产品之间的替代性和质量竞争强度，β 值越大，两种产品更易相互替代，竞争更激烈。等式（4-1）表明每种产品的市场需求与自身质量水平呈正相关，与竞争者的质量水平呈负相关。当两个供应商都提高质量水平时，每种产品的市场需求均增加。

借鉴文献[80]，我们采用加法形式来刻画市场需求的随机性，则第 i 个产品所面临的市场需求 $D_i(s_i,s_j,x_i)$ 为

$$D_i(s_i, s_j, x_i) = d_i(s_i, s_j) + x_i \tag{4-2}$$

其中，$i=1,2$，$j=3-i$。x_i 为第 i 个产品的需求随机扰动因子，假定 x_i 在 $[L_i, U_i]$ 上服从概率密度函数为 $f_i(x_i)$、累计分布函数为 $F_i(x_i)$ 的分布，且 $F_i(x_i)$ 为连续、可微、单调递增函数，$\overline{F}_i(x_i) = 1 - F_i(x_i)$ 表示尾部分布。为了确保 $D_i(s_i,s_j,x_i) > 0$，需假设 $L_i > -a_i$。

借鉴文献[205]，产品质量改进的投入成本为 $k_i s_i^2$。表明产品质量水平越高，成本投入就越大，且投入成本关于产品质量水平是边际递减的。此外，本章同样采用前两章所选用的 CVaR 风险度量准则来刻画供应商的风险规避特征。

4.3 基本模型构建与分析

本小节首先建立无协调契约时分散化供应链决策模型，分析质量敏感因子、质量竞争因子、质量成本因子和供应商风险规避程度等关键因子对供应链均衡决策的影响，然后构建集中化供应链决策模型，推导得出集中决策下的最优策略，以此作为供应链协调的标准。

4.3.1 分散化供应链决策

在无协调契约的分散化供应链中，事件的发生顺序如下：在销售季节开始

前，两个供应商同时制定产品质量水平 s_i^{wp}（$i=1,2$），随后两个供应商相互观察对方的产品质量水平并根据对市场需求的预测决定各自的生产量 Q_i^{wp}；销售季节开始后，市场需求实现，零售商根据真实的市场需求向供应商 i 以批发价格 w_i 采购产品并以零售价格 p_i 进行销售，最大采购量为供应商的生产量 Q_i^{wp}；销售季节结束后，若市场需求小于供应商生产量，则供应商承担生产过剩损失并进行残值处理。分散决策下，两供应商构成非合作博弈。为了避免不合理情况的发生，我们假设 $p_i > w_i > c_i$。通过上述说明，期末时刻完全理性的供应商 i 的期望利润为

$$\pi_{is}^{wp} = w_i \min\{Q_i^{wp}, D_i^{wp}\} + v_i \max\{Q_i^{wp} - D_i^{wp}, 0\} - c_i Q_i^{wp} - k_i s_i^{wp} \quad (4\text{-}3)$$

其中，等式（4-3）右边的第一项为供应商 i 的销售收益，第二项为剩余产品 i 的处理残值，第三项为产品 i 的制造成本，第四项为产品 i 的质量改进成本。供应商 i 的期望利润可进一步改写为

$$\pi_{is}^{wp} = (w_i - c_i)Q_i^{wp} - (w_i - v_i)(Q_i^{wp} - D_i^{wp})^+ - k_i s_i^{wp} \quad (4\text{-}4)$$

那么，在 CVaR 风险度量准则下，风险规避供应商 i 的问题可表述为

$$\max_{Q_i^{wp}, s_i^{wp}} CVaR_{\eta_i}(\pi_{is}^{wp}) = \max_{Q_i^{wp}, s_i^{wp}} \max_{\varphi_i \in R} \left\{ \varphi_i - \frac{1}{\eta_i} E[\varphi_i - \pi_{is}^{wp}]^+ \right\} \quad (4\text{-}5)$$

求解该问题，可得供应商的均衡生产量和均衡产品质量水平。

命题 4-1 在无协调契约的分散化供应链中，存在唯一的最优生产量 Q_i^{wp*} 和最优的产品质量水平 s_i^{wp*}，其满足

$$Q_i^{wp*} = F_i^{-1}\left(\eta_i \frac{w_i - c_i}{w_i - v_i}\right) + d_i(s_i^{wp*}, s_j^{wp*}) \quad (4\text{-}6)$$

$$s_i^{wp*} = \frac{(w_i - c_i)(\alpha + \beta)}{2k_i} \quad (4\text{-}7)$$

证明 根据等式（4-5）可知，要求解供应商 i 最优的生产量和最优的产品质量水平，首先需要求解出最优的 φ_i。令 $g(s_i^{wp}, s_j^{wp}, Q_i^{wp}, \varphi_i) = \varphi_i - \frac{1}{\eta_i} E[\varphi_i - \pi_{is}^{wp}]^+$，则有

$$g(s_i^{wp}, s_j^{wp}, Q_i^{wp}, \varphi_i)$$
$$= \varphi_i - \frac{1}{\eta_i} \int_{L_i}^{Q_i^{wp} - d_i(s_i^{wp}, s_j^{wp})} [\varphi_i - (w_i - c_i)Q_i^{wp} - (w_i - \upsilon_i)(d_i(s_i^{wp}, s_j^{wp}) + x_i) + \quad (4\text{-}8)$$
$$k_i(s_i^{wp})^2]^+ \mathrm{d}F_i(x_i) - \frac{1}{\eta_i} \int_{Q_i^{wp} - d_i(s_i^{wp}, s_j^{wp})}^{U_i} [\varphi_i - (w_i - c_i)Q_i^{wp} + k_i(s_i^{wp})^2]^+ \mathrm{d}F_i(x_i).$$

分三种情形进行讨论，为了便于书写，令 $\varphi_{i1} = (w_i - c_i)Q_i^{wp} + (w_i - \upsilon_i)$
$d_i(s_i^{wp}, s_j^{wp}) - k_i(s_i^{wp})^2$ 和 $\varphi_{i2} = (w_i - c_i)Q_i^{wp} - k_i(s_i^{wp})^2$。与命题 2-1 的证明过程类似，易证得最优的 φ_i 为 $\varphi_i^* = \varphi_{i2}$。

将 $\varphi_i^* = \varphi_{i2}$ 代入等式（4-8），可得

$$g(s_i^{wp}, s_j^{wp}, Q_i^{wp}, \varphi_i^*) = \varphi_{i2} - \frac{1}{\eta_i} \int_{L_i}^{Q_i^{wp} - d_i(s_i^{wp}, s_j^{wp})} (w_i - \upsilon_i)(Q_i^{wp} - \quad (4\text{-}9)$$
$$d_i(s_i^{wp}, s_j^{wp})) - x_i) \mathrm{d}F_i(x_i)$$

进而有

$$\frac{\partial g(s_i^{wp}, s_j^{wp}, Q_i^{wp}, \varphi_i^*)}{\partial Q_i^{wp}} = w_i - c_i - \frac{w_i - \upsilon_i}{\eta_i} F_i\left(Q_i^{wp} - d_i(s_i^{wp}, s_j^{wp})\right) \quad (4\text{-}10)$$

$$\frac{\partial^2 g(s_i^{wp}, s_j^{wp}, Q_i^{wp}, \varphi_i^*)}{\partial Q_i^{cc2}} = -\frac{w_i - \upsilon_i}{\eta_i} f_i\left(Q_i^{wp} - d_i(s_i^{wp}, s_j^{wp})\right) < 0 \quad (4\text{-}11)$$

表明 $g(s_i^{wp}, s_j^{wp}, Q_i^{wp}, \varphi_i^*)$ 是关于 Q_i^{wp} 的凹函数，存在唯一最优的供应商生产量。令 $\partial g(s_i^{wp}, s_j^{wp}, Q_i^{wp}, \varphi_i^*)/\partial Q_i^{wp} = 0$，风险规避供应商 i 的最优生产量 Q_i^{wp*} 为

$$Q_i^{wp*} = F_i^{-1}\left(\eta_i \frac{w_i - c_i}{w_i - \upsilon_i}\right) + d_i(s_i^{wp*}, s_j^{wp*}) \quad (4\text{-}12)$$

将等式（4-12）代入等式（4-8），可得

$$g(s_i^{wp}, s_j^{wp}, Q_i^{wp*}, \varphi_i^*) = \varphi_{i2} - \frac{w_i - \upsilon_i}{\eta_i} \int_{L_i}^{F_i^{-1}\left(\eta_i \frac{w_i - c_i}{w_i - \upsilon_i}\right)} \left(F_i^{-1}\left(\eta_i \frac{w_i - c_i}{w_i - \upsilon_i}\right) - x_i\right) \mathrm{d}F_i(x_i) \quad (4\text{-}13)$$

对 $g(s_i^{wp}, s_j^{wp}, Q_i^{wp*}, \varphi_i^*)$ 求导可得

$$\frac{\partial g(s_i^{wp}, s_j^{wp}, Q_i^{wp*}, \varphi_i^*)}{\partial s_i^{wp}} = (w_i - c_i)(\alpha + \beta) - 2k_i s_i^{wp} \quad (4\text{-}14)$$

$$\frac{\partial^2 g(s_i^{wp}, s_j^{wp}, Q_i^{wp*}, \varphi_i^*)}{\partial s_i^{wp2}} = -2k_i < 0 \qquad (4\text{-}15)$$

因此，$g(s_i^{wp}, s_j^{wp}, Q_i^{wp*}, \varphi_i^*)$ 是关于 s_i^{wp} 的凹函数，存在唯一最优的产品质量水平。令 $\partial g(s_i^{wp}, s_j^{wp}, Q_i^{wp*}, \varphi_i^*)/\partial s_i^{wp} = 0$，风险规避供应商 i 的最优产品质量水平 s_i^{wp*} 为

$$s_i^{wp*} = \frac{(w_i - c_i)(\alpha + \beta)}{2k_i} \qquad (4\text{-}16)$$

故命题 4-1 得证。

从命题 4-1 可以看出，尽管每个供应商的最优生产量与其风险规避系数有关，但最优的产品质量水平与供应商的风险规避系数无关，就是说，供应商的风险规避行为仅影响其最优的生产量。通过等式（4-6）易得 $\partial Q_i^{wp*}/\partial \eta_i > 0$，表明每个供应商的最优生产量随着其自身风险规避的系数增加而增加，即供应商的风险规避程度越高，其最优的生产量就越小，且风险规避供应商的最优生产量不大于风险中性供应商的最优生产量，那是因为风险规避的供应商宁愿牺牲部分收益来获取稳定的利润，也不愿承担风险来追求更大的利润，这与前两章的结论是一致的。

通过等式（4-7），易得 $\partial s_i^{wp*}/\partial \alpha > 0$、$\partial s_i^{wp*}/\partial \beta > 0$ 和 $\partial s_i^{wp*}/\partial k_i < 0$。表明，市场需求对产品 i 的质量水平的敏感系数越大，产品 i 的最优质量水平就越高；产品 i 的质量改进成本系数越大，则产品 i 的最优质量水平就越低；同时，两供应商之间的质量竞争越激烈，则两者的最优质量水平都会越高。此外，通过等式（4-6）和等式（4-7），我们还可得到推论 4-1。

推论 4-1

（1）$\partial Q_i^{wp*}/\partial k_i < 0$，$\partial Q_i^{wp*}/\partial k_j > 0$；

（2）如果 $2k_j(\alpha + \beta)(w_i - c_i) > k_i \beta (w_j - c_j)$，则有 $\partial Q_i^{wp*}/\partial \alpha > 0$，否则 $\partial Q_i^{wp*}/\partial \alpha \leq 0$；

（3）如果 $2k_j(\alpha + \beta)(w_i - c_i) > k_i(\alpha + 2\beta)(w_j - c_j)$，则有 $\partial Q_i^{wp*}/\partial \beta > 0$，否则 $\partial Q_i^{wp*}/\partial \beta \leq 0$。

证明 由命题 4-1 可得

$$Q_i^{wp*} = F_i^{-1}\left(\eta \frac{w_i - c_i}{w_i - v_i}\right) + a_i + \frac{(w_i - c_i)(\alpha + \beta)^2}{2k_i} - \frac{(w_j - c_j)(\alpha + \beta)\beta}{2k_j} \quad (4\text{-}17)$$

对等式（4-17）关于 k_i 和 k_j 求导可得

$$\frac{\partial Q_i^{wp*}}{\partial k_i} = -\frac{(w_i - c_i)(\alpha + \beta)^2}{2k_i^2} < 0 \quad (4\text{-}18)$$

$$\frac{\partial Q_i^{wp*}}{\partial k_j} = \frac{\beta(w_i - c_i)(\alpha + \beta)}{2k_j^2} > 0 \quad (4\text{-}19)$$

同样地，对等式（4-17）关于 α 和 β 求导可得

$$\frac{\partial Q_i^{wp*}}{\partial \alpha} = \frac{(w_i - c_i)(\alpha + \beta)}{k_i} - \frac{(w_j - c_j)\beta}{2k_j} \quad (4\text{-}20)$$

$$\frac{\partial Q_i^{wp*}}{\partial \beta} = \frac{(w_i - c_i)(\alpha + \beta)}{k_i} - \frac{(w_j - c_j)(\alpha + 2\beta)}{2k_j} \quad (4\text{-}21)$$

因此，若 $2k_j(\alpha + \beta)(w_i - c_i) > k_i \beta(w_j - c_j)$，则有 $\partial Q_i^{wp*}/\partial \alpha > 0$，否则 $\partial Q_i^{wp*}/\partial \alpha \leq 0$；若 $2k_j(\alpha + \beta)(w_i - c_i) > k_i(\alpha + 2\beta)(w_j - c_j)$，有 $\partial Q_i^{wp*}/\partial \beta > 0$，否则 $\partial Q_i^{wp*}/\partial \beta \leq 0$。证毕。

推论（1）表明，供应商的最优生产量随着其自身产品质量改进的成本系数增加而减小，而随着竞争对手产品质量改进的成本系数的增加而增加，这与实践是一致的。推论（2）和（3）给出了两供应商的均衡生产量随着需求质量敏感系数和竞争系数递增的充分必要条件，特别地，若两供应商是相同的，每个供应商的最优生产量随着质量敏感系数和竞争系数的增大而增大。

在 VMI 模式下，零售商除了提供供应链契约以外不需要做任何决策，则期末时刻零售商的期望利润为

$$\begin{aligned} E\pi_r^{wp} &= \sum_{i=1}^{2} E[(p_i - w_i)\min\{Q_i^{wp*}, D_i^{wp}\}] \\ &= \sum_{i=1}^{2}(p_i - w_i)\left(Q_i^{wp*} - \int_{L_i}^{Q_i^{wp*} - d_i(s_i^{wp*}, s_j^{wp*})} F_i(x_i)\mathrm{d}x_i\right) \end{aligned} \quad (4\text{-}22)$$

4.3.2 集中化供应链决策

在集中决策下，两供应商和零售商集中为一个虚拟的决策主体，假定该决策主体是风险中性的。该决策主体向市场供应两种相互竞争的产品，其目标是实现供应链整体期望利润最大化。期末时刻该决策主体从产品 i 获得的期望利润为

$$E\pi_i^I = E[p_i \min\{Q_i^I, D_i^I\} + v_i \max\{Q_i^I - D_i^I, 0\} - c_i Q_i^I - k_i(s_i^I)^2] \quad (4\text{-}23)$$

供应链整体的期望利润为

$$E\pi_{sc}^I = \sum_{i=1}^{2}[(p_i - c_i)Q_i^I - (p_i - v_i)\int_{L_i}^{Q_i^I - d_i(s_i^I, s_j^I)} F_i(x_i)\mathrm{d}x_i - k_i(s_i^I)^2] \quad (4\text{-}24)$$

通过等式（4-24），可得集中决策下供应链整体的最优策略。

命题 4-2　集中决策下，供应链整体存在唯一的最优策略 (Q_i^{I*}, s_i^{I*})，其满足

$$Q_i^{I*} = F_i^{-1}\left(\frac{p_i - c_i}{p_i - v_i}\right) + d_i(s_i^{I*}, s_j^{I*}) \quad (4\text{-}25)$$

$$s_i^{I*} = \frac{(p_i - c_i)(\alpha + \beta) - (p_j - c_j)\beta}{2k_i} \quad (4\text{-}26)$$

证明　对于给定的 $s_i^I(i=1,2)$，通过等式（4-24），可得

$$\begin{vmatrix} \dfrac{\partial^2 E\pi_{sc}^I}{\partial Q_1^{I2}} & \dfrac{\partial^2 E\pi_{sc}^I}{\partial Q_1^I \partial Q_2^I} \\ \dfrac{\partial^2 E\pi_{sc}^I}{\partial Q_1^I \partial Q_2^I} & \dfrac{\partial^2 E\pi_{sc}^I}{\partial Q_2^{I2}} \end{vmatrix} \quad (4\text{-}27)$$

$$= (p_1 - v_1)(p_2 - v_2)f_1(Q_1^I - d_1(s_1^I, s_2^I))f_2(Q_2^I - d_2(s_1^I, s_2^I)) > 0$$

因此，对于任意给定的 $s_i^I(i=1,2)$，$E\pi_{sc}^I$ 关于 Q_1^I 和 Q_2^I 的黑塞矩阵为负定的，表明 $E\pi_{sc}^I$ 是关于 Q_1^I 和 Q_2^I 的联合凹函数。通过一个最优条件可得 $Q_i^{I*} = F_i^{-1}((p_i - w_i)/(p_i - v_i)) + d_i(s_i^I, s_j^I)$。

将 $Q_i^{I*} = F_i^{-1}((p_i - w_i)/(p_i - v_i)) + d_i(s_i^I, s_j^I)$ 代入等式（4-24），可得

$$\begin{vmatrix} \dfrac{\partial^2 E\pi_{sc}^I}{\partial s_1^{I2}} & \dfrac{\partial^2 E\pi_{sc}^I}{\partial s_1^I \partial s_2^I} \\ \dfrac{\partial^2 E\pi_{sc}^I}{\partial s_1^I \partial s_2^I} & \dfrac{\partial^2 E\pi_{sc}^I}{\partial s_2^{I2}} \end{vmatrix} = 4k_1 k_2 > 0 \qquad (4\text{-}28)$$

则 $E\pi_{sc}^I$ 关于 s_1^I 和 s_2^I 的黑塞矩阵为负定的，表明 $E\pi_{sc}^I$ 是关于 s_1^I、Q_1^I 和 s_2^I 的联合凹函数。通过一阶最优条件可得 $s_i^{I*} = ((p_i - c_i)(\alpha + \beta) - (p_j - c_j)\beta)/(2k_i)$。故命题 4-2 得证。

命题 4-2 表明，对于任意产品 i，其最优产品质量水平随着其需求质量敏感系数的增大而提高，并随着其产品质量改进的成本系数增大而降低。若 $p_i - c_i > p_j - c_j$，则最优的产品质量水平 s_i^{I*} 随着竞争系数的增大而提高；若 $p_i - c_i < p_j - c_j$，则最优的产品质量水平 s_i^{I*} 随着竞争系数的增大而降低；若 $p_i - c_i = p_j - c_j$，则最优的产品质量水平 s_i^{I*} 与竞争系数无关。接下来，推论 4-2 展示了集中决策下一些关键因素对最优生产量的影响。

推论 4-2

（1）$\partial Q_i^{I*}/\partial k_i < 0$，$\partial Q_i^{I*}/\partial k_j > 0$；

（2）若 $2k_j(\alpha + \beta)(p_i - c_i) > k_i \beta (p_j - c_j)$，则 $\partial Q_i^{I*}/\partial \alpha > 0$，否则 $\partial Q_i^{I*}/\partial \alpha \leq 0$；

（3）若 $k_j [2(\alpha + \beta)(p_i - c_i) - (\alpha + 2\beta)(p_j - c_j)] > k_i [(\alpha + 2\beta)(p_j - c_j) - 2\beta (p_i - c_i)]$，则 $\partial Q_i^{I*}/\partial \beta > 0$，否则 $\partial Q_i^{I*}/\partial \beta \leq 0$。

证明 由命题 4-2 可得

$$Q_i^{I*} = F_i^{-1}\left(\dfrac{p_i - c_i}{p_i - v_i}\right) + a_i + \dfrac{[(p_i - c_i)(\alpha + \beta) - (p_j - c_j)\beta](\alpha + \beta)}{2k_i} - \dfrac{[(p_j - c_j)(\alpha + \beta) - (p_i - c_i)\beta]\beta}{2k_j} \qquad (4\text{-}29)$$

对等式（4-29）关于 k_i 和 k_j 求导，可得

$$\dfrac{\partial Q_i^{I*}}{\partial k_i} = -\dfrac{[(p_i - c_i)(\alpha + \beta) - (p_j - c_j)\beta](\alpha + \beta)}{2k_i^2} < 0 \qquad (4\text{-}30)$$

$$\dfrac{\partial Q_i^{I*}}{\partial k_j} = \dfrac{\beta[(p_i - c_i)(\alpha + \beta) - (p_j - c_j)\beta]}{2k_j^2} > 0 \qquad (4\text{-}31)$$

同样地，对等式（4-29）关于 α 和 β 求导，可得

$$\frac{\partial Q_i^{I*}}{\partial \alpha} = \frac{(p_i - c_i)(\alpha + \beta)}{k_i} - \frac{(p_j - c_j)\beta}{2k_j} \quad (4-32)$$

$$\frac{\partial Q_i^{I*}}{\partial \beta} = \frac{2(\alpha + \beta)(p_i - c_i) - (\alpha + 2\beta)(p_j - c_j)}{2k_i} - \frac{(\alpha + 2\beta)(p_j - c_j) - 2\beta(p_i - c_i)}{2k_j} \quad (4-33)$$

因此，若 $2k_j(\alpha + \beta)(p_i - c_i) > k_i\beta(p_j - c_j)$，则有 $\partial Q_i^{I*}/\partial \alpha > 0$，否则 $\partial Q_i^{I*}/\partial \alpha \leq 0$；如果 $k_j[2(\alpha + \beta)(p_i - c_i) - (\alpha + 2\beta)(p_j - c_j)] > k_i[(\alpha + 2\beta)(p_j - c_j) - 2\beta(p_i - c_i)]$，有 $\partial Q_i^{I*}/\partial \beta > 0$，否则 $\partial Q_i^{I*}/\partial \beta \leq 0$。故推论 4-2 得证。

推论 4-2 表明，产品 i 的最优生产量随着其自身产品质量改进的成本系数增加而减小，而随着竞争产品质量改进的成本系数的增加而增加，这与分散化供应链决策的结果是一致的。推论（2）和（3）揭示产品 i 的最优生产量随着质量敏感系数和竞争系数的增大可能增加也可能减小，其最优生产量受到两种产品的生产成本、销售价格、质量改进成本、质量敏感系数以及竞争因子的影响。

4.4 供应链协调策略与利润分配

4.4.1 供应链协调策略

为了实现供应链协调，需要引入供应链契约来加强供应链上下游之间的合作，本章节仍然采用由期权和成本分担构成的组合契约。在组合契约下，零售商可以分别和两供应商在产品质量方面共同投资以达到集中决策下的最优策略，同时零售商可以通过调整组合契约参数间接优化供应商的生产量来满足不确定的市场需求。

在组合契约下，事件的发生顺序如下：在销售季节开始前，零售商通过协商分别向两供应商提供组合契约 (o_i, e_i, λ_i)，两供应商根据组合契约参数同时制定各自的产品质量水平 s_i^{cc}（$i = 1, 2$），随后两个供应商相互观察对方的产品质量水平并根据对市场需求的预测决定各自的生产量 Q_i^{cc}，其中，零售商需要向每个

供应商的生产保留量支付期权费用 $o_i Q_i^{wp}$；销售季节开始后，市场需求实现，零售商根据真实的市场需求向供应商 i 以期权执行价格 e_i 采购产品并以零售价格 p_i 进行销售，最大采购量为供应商的生产量 Q_i^{cc}；销售季节结束后，若市场需求小于供应商生产量，则供应商承担生产过剩损失并进行残值处理。为了避免不合理情况的发生，我们仍需假设 $c_i - v_i > o_i \geqslant 0$，$e_i > v_i > 0$ 和 $p_i > o_i + e_i > c_i > v_i$。组合契约下，两个供应商构成非合作博弈。通过上述说明，完全理性的供应商 i 的利润函数为

$$\pi_{is}^{cc} = o_i Q_i^{cc} + e_i \min\{Q_i^{cc}, D_i^{cc}\} + v_i \max\{Q_i^{cc} - D_i^{cc}, 0\} - c_i Q_i^{cc} - \lambda_i k_i (s_i^{cc})^2 \quad (4-34)$$

其中，等式（4-34）右边的第一项为零售商向供应商 i 支付的期权费，第二项为供应商 i 通过执行期权所获得的收益，第三项为剩余产品 i 的处理残值，第四项为产品 i 的制造成本，第五项为供应商 i 承担其产品质量改进的部分成本。供应商 i 的利润函数可进一步改写为

$$\pi_{is}^{cc} = (e_i + o_i - c_i) Q_i^{cc} - (e_i - v_i)(Q_i^{cc} - D_i^{cc})^+ - \lambda_i k_i (s_i^{cc})^2 \quad (4-35)$$

那么，在 CVaR 风险度量准则下，风险规避供应商 i 的问题可表述为

$$\max_{s_i^{cc}, Q_i^{cc}} CVaR_\eta(\pi_{is}^{cc}) = \max_{s_i^{cc}, Q_i^{cc}} \max_{\varphi_i \in R} \left\{ \varphi_i - \frac{1}{\eta_i} E[\varphi_i - \pi_{is}^{cc}]^+ \right\} \quad (4-36)$$

求解该问题，可得风险规避供应商 i 的最优生产量和最优产品质量水平。

命题 4-3 在组合契约下，风险规避供应商 i 存在唯一的最优生产量 Q_i^{cc*} 和最优的产品质量水平 s_i^{cc*}，其满足

$$Q_i^{cc*} = F_i^{-1}\left(\eta_i \frac{o_i + e_i - c_i}{e_i - v_i}\right) + d_i(s_i^{cc*}, s_j^{cc*}) \quad (4-37)$$

$$s_i^{cc*} = \frac{(o_i + e_i - c_i)(\alpha + \beta)}{2\lambda_i k_i} \quad (4-38)$$

证明 在组合契约下，根据等式（4-36）可知，要求解供应商 i 最优的生产量和最优的产品质量水平，首先需要求解出最优的 φ_i。令 $g(s_i^{cc}, s_j^{cc}, Q_i^{cc}, \varphi_i) = \varphi_i - \frac{1}{\eta_i} E[\varphi_i - \pi_{is}^{cc}]^+$，则有

$$\begin{aligned}&g(s_i^{cc}, s_j^{cc}, Q_i^{cc}, \varphi_i)\\&=\varphi_i - \frac{1}{\eta_i}\int_{L_i}^{Q_i^{cc}-d_i(s_i^{cc}, s_j^{cc})}[\varphi_i - (o_i + \upsilon_i - c_i)Q_i^{cc} - (e_i - \upsilon_i)(d_i(s_i^{cc}, s_j^{cc}) + x_i) +\\&\quad \lambda_i k_i (s_i^{cc})^2]^+ \mathrm{d}F_i(x_i) - \frac{1}{\eta_i}\int_{Q_i^{cc}-d_i(s_i^{cc}, s_j^{cc})}^{U_i}[\varphi_i - (e_i + o_i - c_i)Q_i^{cc} + \lambda_i k_i (s_i^{cc})^2]^+ \mathrm{d}F_i(x_i).\end{aligned} \quad (4\text{-}39)$$

与命题 2-1 的证明过程类似，易证得最优的 φ_i 为 $(e_i + o_i - c_i)Q_i^{cc} - \lambda_i k_i (s_i^{cc})^2$。

将 $\varphi_i^* = (e_i + o_i - c_i)Q_i^{cc} - \lambda_i k_i (s_i^{cc})^2$ 代入等式（4-39），可得

$$\begin{aligned}g(s_i^{cc}, s_j^{cc}, Q_i^{cc}, \varphi_i^*) = &(e_i + o_i - c_i)Q_i^{cc} - \lambda_i k_i (s_i^{cc})^2 -\\&\frac{1}{\eta_i}\int_{L_i}^{Q_i^{cc}-d_i(s_i^{cc}, s_j^{cc})}(e_i - \upsilon_i)(Q_i^{cc} - d_i(s_i^{cc}, s_j^{cc}) - x_i)\mathrm{d}F_i(x_i)\end{aligned} \quad (4\text{-}40)$$

对等式（4-40）求导，可得

$$\frac{\partial g(s_i^{cc}, s_j^{cc}, Q_i^{cc}, \varphi_i^*)}{\partial Q_i^{cc}} = o_i + e_i - c_i - \frac{e_i - \upsilon_i}{\eta_i}F_i\left(Q_i^{cc} - d_i(s_i^{cc}, s_j^{cc})\right) \quad (4\text{-}41)$$

$$\frac{\partial^2 g(s_i^{cc}, s_j^{cc}, Q_i^{cc}, \varphi_i^*)}{\partial Q_i^{cc2}} = -\frac{e_i - \upsilon_i}{\eta_i}f_i\left(Q_i^{cc} - d_i(s_i^{cc}, s_j^{cc})\right) < 0 \quad (4\text{-}42)$$

表明 $g(s_i^{cc}, s_j^{cc}, Q_i^{cc}, \varphi_i^*)$ 是关于 Q_i^{cc} 的凹函数，存在唯一最优的供应商生产量。令 $\partial g(s_i^{cc}, s_j^{cc}, Q_i^{cc}, \varphi_i^*)/\partial Q_i^{cc} = 0$，风险规避供应商 i 的最优生产量 Q_i^{cc*} 为

$$Q_i^{cc*} = F_i^{-1}\left(\eta_i \frac{o_i + e_i - c_i}{e_i - \upsilon_i}\right) + d_i(s_i^{cc*}, s_j^{cc*}) \quad (4\text{-}43)$$

将等式（4-43）代入等式（4-39），可得

$$\begin{aligned}g(s_i^{cc}, s_j^{cc}, Q_i^{cc*}, \varphi_i^*) = &(e_i + o_i - c_i)Q_i^{cc} - \lambda_i k_i (s_i^{cc})^2 -\\&\frac{e_i - \upsilon_i}{\eta_i}\int_{L_i}^{F_i^{-1}\left(\frac{\eta_i(o_i+e_i-c_i)}{e_i-\upsilon_i}\right)}\left(F_i^{-1}\left(\frac{\eta_i(o_i+e_i-c_i)}{e_i-\upsilon_i}\right) - x_i\right)\mathrm{d}F_i(x_i)\end{aligned} \quad (4\text{-}44)$$

对 $g(s_i^{cc}, s_j^{cc}, Q_i^{cc*}, \varphi_i^*)$ 求导，可得

$$\frac{\partial g(s_i^{cc}, s_j^{cc}, Q_i^{cc*}, \varphi_i^*)}{\partial s_i^{cc}} = (o_i + e_i - c_i)(\alpha + \beta) - 2\lambda_i k_i s_i^{cc} \quad (4\text{-}45)$$

$$\frac{\partial^2 g(s_i^{cc}, s_j^{cc}, Q_i^{cc*}, \varphi_i^*)}{\partial s_i^{cc2}} = -2\lambda_i k_i < 0 \quad (4\text{-}46)$$

因此，$g(s_i^{cc}, s_j^{cc}, Q_i^{cc*}, \varphi_i^*)$ 是关于 s_i^{cc} 的凹函数，存在唯一最优的产品质量水平。令 $\partial g(s_i^{cc}, s_j^{cc}, Q_i^{cc*}, \varphi_i^*)/\partial s_i^{cc} = 0$，风险规避供应商 i 的最优产品质量水平 s_i^{cc*} 为

$$s_i^{cc*} = \frac{(o_i + e_i - c_i)(\alpha + \beta)}{2\lambda_i k_i} \quad (4\text{-}47)$$

故命题 4-3 得证。

组合契约下，零售商除了提供组合契约仍不需要做任何决策，根据命题 4-3，期末时刻零售商的期望利润为

$$E\pi_r^{cc} = \sum_{i=1}^{2} E[(p_i - e_i)\min\{Q_i^{cc*}, D_i^{cc}\} - o_i Q_i^{cc} - (1 - \lambda_i) k_i (s_i^{cc*})^2] \quad (4\text{-}48)$$

其中，等式（4-48）右边的第一项为零售商的总销售收入，第二项为零售商支付给两供应商的期权费用，第三项为零售商需要承担的供应商进行产品质量改进的部分成本。零售商的期望利润函数可改写为

$$E\pi_r^{cc} = \sum_{i=1}^{2} [(p_i - o_i - e_i) Q_i^{cc*} - (p_i - e_i) \int_{L_i}^{Q_i^{cc*} - d_i(s_i^{cc*}, s_j^{cc*})} F_i(x_i) \mathrm{d}x_i - (1 - \lambda_i) k_i (s_i^{cc*})^2] \quad (4\text{-}49)$$

因此，组合契约下，供应链整体的联合期望利润为

$$E\pi_{sc}^{cc} = E\pi_r^{cc} + \sum_{i=1}^{2} E\pi_{is}^{cc}$$
$$= \sum_{i=1}^{2} [(p_i - c_i) Q_i^{cc} - (p_i - \upsilon_i) \int_{L_i}^{Q_i^{cc} - d_i(s_i^{cc}, s_j^{cc})} F_i(x_i) \mathrm{d}x_i - k_i (s_i^{cc})^2] \quad (4\text{-}50)$$

根据文献[4]，当分散决策下供应链整体的联合最优期望利润等于集中决策下供应链的全局最优期望利润时，则认为供应链实现协调。比较等式（4-50）和等式（4-24），易得供应链的协调条件。

命题 4-4 在组合契约 (o_i, e_i, λ_i) 下，要使供应链实现协调，契约参数需满足

$$e_i = \frac{\eta_i(c_i - o_i)(p_i - \upsilon_i) - (p_i - c_i)\upsilon_i}{\eta_i(p_i - \upsilon_i) - p_i + c_i} \quad (4\text{-}51)$$

$$\lambda_i = \frac{(c_i - o_i - \upsilon_i)(p_i - c_i)(\alpha + \beta)}{(\eta_i p_i - \eta_i \upsilon_i - p_i + c_i)\big((p_i - c_i)(\alpha + \beta) - (p_j - c_j)\beta\big)} \quad (4\text{-}52)$$

其中，$(p_i - \upsilon_i - o_i)/(p_i - \upsilon_i) < \eta_i \leq 1$。

证明 要使供应链实现协调，需要有 $Q_i^{cc*} = Q_i^{I*}$ 和 $s_i^{cc*} = s_i^{I*}$，进一步可得

$$F_i^{-1}\left(\eta_i \frac{o_i + e_i - c_i}{e_i - \upsilon_i}\right) = F_i^{-1}\left(\frac{p_i - c_i}{p_i - \upsilon_i}\right) \tag{4-53}$$

$$\frac{(o_i + e_i - c_i)(\alpha + \beta)}{2\lambda_i k_i} = \frac{(p_i - c_i)(\alpha + \beta) - (p_j - c_j)\beta}{2k_i} \tag{4-54}$$

那么，则有 $\eta_i(e_i + o_i - c_i)/(e_i - \upsilon_i) = (p_i - c_i)/(p_i - \upsilon_i)$，整理可得

$$e_i = \frac{\eta_i(c_i - o_i)(p_i - \upsilon_i) - (p_i - c_i)\upsilon_i}{\eta_i(p_i - \upsilon_i) - p_i + c_i} \tag{4-55}$$

$$\lambda_i = \frac{(c_i - o_i - \upsilon_i)(p_i - c_i)(\alpha + \beta)}{(\eta_i p_i - \eta_i \upsilon_i - p_i + c_i)\big((p_i - c_i)(\alpha + \beta) - (p_j - c_j)\beta\big)} \tag{4-56}$$

同样，为了确定期权机制的合理性，需要期权参数满足 $p_i > o_i + e_i$，将等式（4-55）代入 $p_i > o_i + e_i$，可得 $(p_i - \upsilon_i - o_i)/(p_i - \upsilon_i) < \eta_i \leq 1$。故命题 4-4 得证。

命题 4-4 给出了供应链协调的充分必要条件。需要注意的是，当且仅当每一个供应商的风险规避程度都不是太高时，供应链才能实现协调。表明，要使供应链达到协调，供应链参与各方均需承担一定的风险。此外，由 $(p_i - \upsilon_i - o_i)/(p_i - \upsilon_i) < \eta_i \leq 1$ 可得 $\eta_i(p_i - \upsilon_i) - p_i + c_i > 0$，进一步可得 $\partial e_i/\partial o_i = -\eta_i(p_i - \upsilon_i)/(\eta_i(p_i - \upsilon_i) - p_i + c_i) < 0$，表明期权执行价格与期权价格呈负相关关系，即期权价格越高，期权执行价格越低。

4.4.2 供应链系统利润分配

如前所述，供应链实现协调时，供应链整体的期望利润达到全局最优。接下来，我们将讨论如何分配供应链的利润。值得注意的是，从命题 4-3 可知，供应链协调下期权执行价格和成本分担系数均是关于期权价格的函数，那么，若给定其他外生变量，供应链协调下供应链各方的期望利润仅依赖于期权价格，则可得如下推论。

推论 4-3

（1）在组合契约 (o_i, e_i, λ_i) 的协调下，若

$$k_i \leq \frac{((p_i - c_i)(\alpha + \beta) - (p_j - c_j)\beta)E\pi_i^{I*}}{\beta(p_j - c_j)(s_i^{I*})^2}$$

，每个供应商的期望利润随着期权价格的增加而减小，而零售商的期望利润随着期权价格的增加而增加。

（2）在组合契约 (o, e, λ) 的协调下，若

$$k_i \leq \frac{((p_i - c_i)(\alpha + \beta) - (p_j - c_j)\beta)E\pi_i^{I*}}{\beta(p_j - c_j)(s_i^{I*})^2}$$

，给定某一期权价格，每个供应商的期望利润随着其风险规避程度的增加而增加，而零售商的期望利润随着供应商的风险规避程度的增加而减小。

证明 供应链协调下供应商 i 的期望利润为

$$E\pi_{is}^{cc} = \frac{c_i - o_i - \upsilon_i}{\eta_i(p_i - \upsilon_i) - p_i + c_i}(p_i - c_i)Q_i^{I*} - \\
\frac{(c_i - o_i - \upsilon_i)\eta_i}{\eta_i(p_i - \upsilon_i) - p_i + c_i}(p_i - \upsilon_i)\int_{L_i}^{F_i^{-1}\left(\frac{p_i - c_i}{p_i - \upsilon_i}\right)} F_i(x_i)\mathrm{d}x_i - \\
\frac{c_i - o_i - \upsilon_i}{\eta_i(p_i - \upsilon_i) - p_i + c_i}\frac{(p_i - c_i)(\alpha + \beta)}{((p_i - c_i)(\alpha + \beta) - (p_j - c_j)\beta)}k_i(s_i^{I*})^2 \quad (4\text{-}57)$$

对 $E\pi_{is}^{cc}$ 关于 o_i 求导可得

$$\frac{\partial E\pi_{is}^{cc}}{\partial o_i} = \frac{-1}{\eta_i p_i - \eta_i \upsilon_i - p_i + c_i}(p_i - c_i)Q_i^{I*} - \\
\frac{-1}{\eta_i p_i - \eta_i \upsilon_i - p_i + c_i}\eta_i(p_i - \upsilon_i)\int_{L_i}^{F_i^{-1}\left(\frac{p_i - c_i}{p_i - \upsilon_i}\right)} F_i(x_i)\mathrm{d}x_i - \\
\frac{-1}{\eta_i p_i - \eta_i \upsilon_i - p_i + c_i}\frac{(p_i - c_i)(\alpha + \beta)}{((p_i - c_i)(\alpha + \beta) - (p_j - c_j)\beta)}k_i(s_i^{I*})^2 \quad (4\text{-}58)$$

当 $k_i \leq \dfrac{((p_i - c_i)(\alpha + \beta) - (p_j - c_j)\beta)E\pi_i^{I*}}{\beta(p_j - c_j)(s_i^{I*})^2}$ 时，可得 $\partial E\pi_{is}^{cc}/\partial o_i < 0$，此时 $E\pi_{is}^{cc}$ 是关于 o_i 的减函数。由于供应链协调下供应商 i 和零售商的期望利润之和为常数，那么零售商的期望利润随着期权价格的增加而增加。同理，当 $k_i \leq$

第 4 章 考虑风险规避与质量竞争的
零售商主导型供应链期权协调策略

$$\frac{((p_i-c_i)(\alpha+\beta)-(p_j-c_j)\beta)E\pi_i^{I*}}{\beta(p_j-c_j)(s_i^{I*})^2}$$ 时，若给定期权价格，易证得供应商 i 的期望利润随着其风险规避程度的增加而增加，而零售商的期望利润随着供应商的风险规避程度的增加而减小。故推论 4-3 得证。

推论（1）揭示了供应链协调下期权价格对供应链各方期望利润的影响，表明，只要产品质量的改进成本不是太昂贵，供应链各方就能通过协调期权价格实现供应链系统利润的自由分配，且期权价格越高，供应商的期望利润越小，而零售商正好相反。推论（2）揭示了当供应链实现协调时，若已给定期权价格，供应商的风险规避程度越高，其期望利润越高，反之，供应商的期望利润越低。表明，每个供应商的风险规避程度均是供应链契约设计和供应链利润分配的重要因素。同样地，与无协调契约时的分散化供应链决策相比，仅需要制定一个合理的组合契约或期权价格就能确保供应链各方的期望利润有所增加。表明，总存在部分组合契约能够使得供应链同时实现协调和 Pareto 改进，即组合契约在实践中是可实施的。

4.5 数值分析

本小节首先将通过数值算例来验证需求质量敏感因子、质量竞争因子、供应商风险规避因子和质量改进成本因子对最优生产量、最优产品质量水平以及供应链效率的影响。然后直观地展示组合契约下期权价格对供应链各方期望利润的影响，以及供应商风险规避程度对供应链契约设计和供应链整体利润分配的影响。最后讨论需求质量敏感因子、质量竞争因子、供应商风险规避因子和质量改进成本因子对期权价格可行域的影响。在本章研究中，为了方便分析，假定两种产品市场需求的随机扰动因子均在 $[-250,250]$ 上服从均匀分布，在满足模型假设的条件下，其他相应的参数分别设置为 $a_i=1000$，$p_i=30$，$c_i=10$，$w_i=18$，$\upsilon_i=5$，$k_i=0.2$，$\eta_i=0.9$，$\alpha=5$，$\beta=1$。借鉴文献[206]，供应链的效率为 $E_f=(2E\pi_s^{wp*}+E\pi_r^{wp*})/E\pi_{sc}^{I*}$，其中，$2E\pi_s^{wp*}+E\pi_r^{wp*}$ 表示无协调契约时分散决策下供应链各方的联合最优期望利润，$E\pi_{sc}^{I*}$ 表示集中决策下供应链的全局最优期望利润。

表 4-1　需求质量敏感系数对最优决策和期望利润的影响

α	s^{wp*}	Q^{wp*}	$E\pi_r^{wp*}$	$E\pi_m^{wp*}$	$E\pi_{sc}^{wp*}$	s^{I*}	Q^{I*}	$E\pi_{sc}^{I*}$	E_f
1	40	1006	24 133	7722	39 577	50	1200	46 960	84.28%
2	60	1086	26 053	7962	41 977	100	1350	49 960	84.02%
3	80	1206	28 933	8362	45 657	150	1600	54 960	83.07%
4	100	1366	32 773	8922	51 576	200	1950	61 960	81.69%
5	120	1566	37 573	9642	56 857	250	2400	70 960	80.13%

表 4-2　质量竞争系数对最优决策和期望利润的影响

β	s^{wp*}	Q^{wp*}	$E\pi_r^{wp*}$	$E\pi_m^{wp*}$	$E\pi_{sc}^{wp*}$	E_f
1	120	1266	37 573	9642	56 857	80.13%
2	140	1666	39 973	9402	58 777	82.83%
3	160	1766	42 373	9002	60 377	85.09%
4	180	1866	44 773	8442	61 657	86.89%
5	200	1966	47 173	7722	62 617	88.24%
6	220	2066	49 573	6842	63 257	89.14%
7	240	2166	51 973	5802	63 577	89.60%
8	260	2266	54 373	4602	63 577	89.60%
9	280	2366	56 773	3242	63 257	89.14%
10	300	2466	59 173	1722	62 617	88.24%

表 4-3　风险规避系数对最优决策和期望利润的影响

η	s^{wp*}	Q^{wp*}	$E\pi_r^{wp*}$	$E\pi_m^{wp*}$	$E\pi_{sc}^{wp*}$	E_f
1	120	1590	38 148	9833	57 814	81.47%
0.95	120	1578	37 861	9738	57 337	80.80%
0.9	120	1566	37 573	9642	56 857	80.13%
0.85	120	1554	37 286	9546	56 378	79.45%
0.8	120	1542	36 998	9451	55 900	78.78%

表 4-4 质量改进成本系数对最优决策和期望利润的影响

k	s^{wp*}	Q^{wp*}	$E\pi_r^{wp*}$	$E\pi_m^{wp*}$	$E\pi_{sc}^{wp*}$	s^{I*}	Q^{I*}	$E\pi_{sc}^{I*}$	E_f
0.1	240	2166	51 973	11 562	75 097	500	3650	95 960	78.23%
0.2	120	1566	37 573	9642	56 857	250	2400	70 960	80.13%
0.3	80	1366	32 773	9002	50 777	167	1983	62 627	81.08%
0.4	60	1266	30 373	8682	47 737	125	1775	58 460	81.66%
0.5	48	1206	28 933	8490	45 913	100	1650	55 960	82.05%

表 4-1 揭示了无协调契约时需求质量敏感系数对最优生产量、最优产品质量水平和供应链效率的影响，需求质量敏感系数越大，最优生产量、最优产品质量水平、分散决策下供应链的联合最优期望利润和集中决策下供应链的全局最优期望利润均越高，而供应链效率越低。由于组合契约能够实现完美协调，暗示当需求质量敏感系数越大时，引入组合契约对供应链各方更有利。

表 4-2 表明，两种产品的质量竞争越激烈，最优生产量、最优产品质量水平和分散决策下零售商的最优期望利润越高，而两供应商的期望利润越低。同时，集中决策下的最优决策与质量竞争系数无关，且有 $s^{I*} = 250$，$Q^{I*} = 2400$ 和 $E\pi_{sc}^{I*} = 70\,960$。因此，分散决策下供应链效率随着质量竞争系数的增加而降低。揭示：竞争能够促进产品质量的提高；竞争将使供应商遭受损失，而零售商将从竞争中获益；适度的竞争有利于供应链效率的提高，过度的竞争将对供应链效率造成伤害。

从表 4-3 可以看出，最优产品质量水平与供应商的风险规避程度无关，同时供应商的风险规避程度越高，其最优的生产量越低，相应地供应链效率也就越低。表明，供应商的风险规避行为有损供应链的运行效率。

表 4-4 揭示，最优生产量、最优产品质量水平和分散决策下零售商和供应商的最优期望利润均随着质量改进成本系数的增加而减小，但供应链效率反而增加。表明，当质量改进成本越高时，更需要引入组合契约来实现供应链协调从而获得更多的利润。

图 4-2 和图 4-3 描述了当供应链实现协调时不同风险规避程度下期权价格对供应链各方期望利润的影响。供应商的期望利润随着期权价格的增加而减小，

零售商的期望利润随着期权价格的增加而增加。若 $\eta = 0.95$，当 $o = o_{\max} = 3.89$ 时，零售商将获取所有的额外利润，而两供应商的期望利润等于批发价格契约下的期望利润；当 $o = o_{\min} = 3.12$ 时，零售商的期望利润保持不变，两供应商将获得所有的额外利润。因此，当期权价格满足 $3.12 \leqslant o \leqslant 3.89$ 时，与批发价格契约相比，供应链实现了 Pareto 改进，此时两供应商和零售商均愿意接受组合契约。

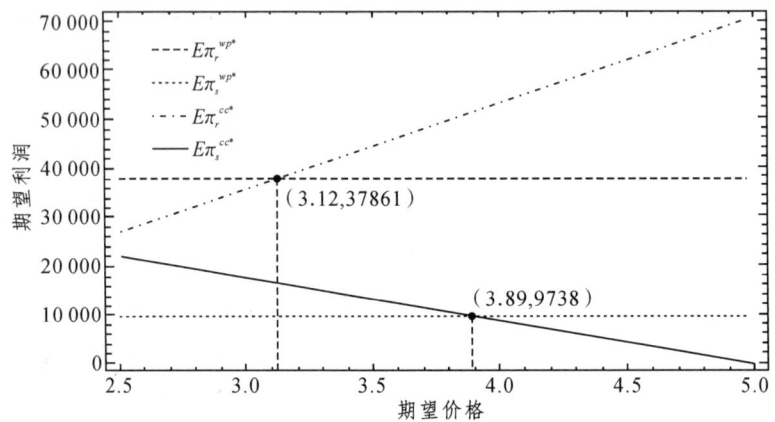

图 4-2　$\eta = 0.95$ 时供应链协调下期权价格对供应链双方期望利润的影响

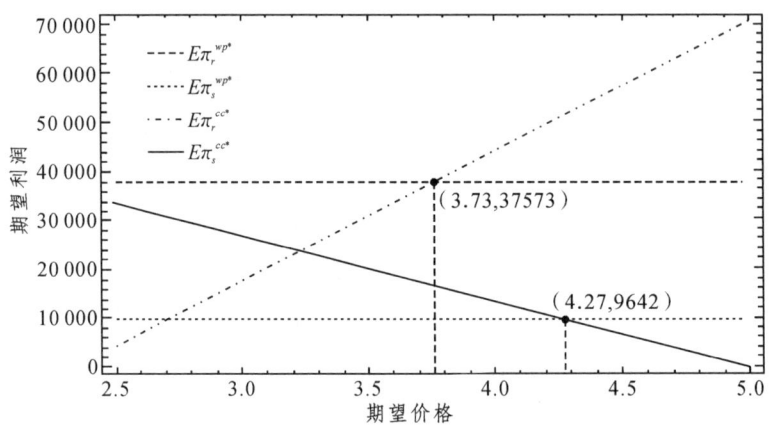

图 4-3　$\eta = 0.9$ 时供应链协调下期权价格对供应链双方期望利润的影响

此外，由图 4-2 和图 4-3 还可看出，供应商的风险规避程度不仅影响供应链协调条件，而且还制约着供应链整体利润的分配，若给定两供应商和零售商期望利润的分配比例，供应商的风险规避程度越高，零售商需要制定的期权价格越高。当供应商的风险规避程度增加时，期权价格可行域缩小。若保持期权价格恒定，当供应商的风险规避系数增大时，供应商的期望利润减小而零售商的期望利润增大，表明在一定条件下供应商能够从其自身的风险规避行为中获益。

表 4-5 需求质量敏感系数对期权价格可行域的影响

α	1	2	3	4	5
期权价格可行域	[3.76, 4.16]	[3.75, 4.17]	[3.75, 4.20]	[3.74, 4.23]	[3.73, 4.27]

表 4-6 质量竞争系数对期权价格可行域的影响

β	1	2	3	4	5
期权价格可行域	[3.73, 4.27]	[3.73, 4.23]	[3.72, 4.20]	[3.72, 4.17]	[3.71, 4.16]
β	6	7	8	9	10
期权价格可行域	[3.69, 4.16]	[3.68, 4.19]	[3.66, 4.26]	[3.63, 4.38]	[3.59, 4.59]

表 4-7 质量改进成本系数对期权价格可行域的影响

k	1	2	3	4	5
期权价格可行域	[3.72, 4.33]	[3.73, 4.27]	[3.74, 4.24]	[3.75, 4.22]	[3.75, 4.21]

表 4-5、表 4-6 和表 4-7 分别展示了需求质量敏感系数、质量竞争系数和质量改进成本系数对期权价格可行域的影响。需求质量敏感系数越大，期权价格的可行域越大；期权价格的可行域随着两供应商竞争程度的增加先减小后增大；质量改进成本越高，期权价格可行域越小。因此，当进行供应链协调契约设计时，需求质量敏感因子、质量竞争因子和质量改进成本因子都是不得不重点考虑的因素。

4.6 小 结

随着市场竞争的日益激烈，提高产品质量已成为企业抢占市场份额的一种重要竞争手段，产品质量竞争环境下的供应链管理和协调问题则是当前的一个热点课题。本章节针对两个风险规避的供应商和一个风险中性的零售商组成的二级VMI供应链。其中，为了扩大市场需求、获得更大的市场份额，两供应商采用产品质量竞争而不是价格竞争，零售商在供应链中占主导地位，是供应链契约的制定者。本章采用CVaR风险度量准则刻画供应商的风险规避行为，首先构建了无协调契约时分散化决策下的供应链模型和集中决策下的供应链模型，并以此作为供应链协调标准。随后从零售商的角度提出由期权和成本分担构成的组合契约来探讨供应链协调策略，讨论了期权价格和风险规避程度对最优生产量、最优质量水平和供应链利润分配的影响。此外，还分析了需求质量敏感系数、质量竞争系数、供应商风险规避系数和质量改进成本系数对最优生产量、最优产品质量水平、供应链效率以及期权价格可行域的影响。

研究表明：

（1）竞争能够促进产品质量的提高；竞争将使供应商遭受损失，而零售商将从竞争中获益；适度的竞争有利于供应链效率的提高，过度的竞争将对供应链效率造成伤害。

（2）两个风险规避的供应商的最优生产量都随着其自身风险规避程度的增加而减小，且与竞争者的风险规避程度无关；最优的产品质量水平仍与风险规避程度无关；供应商风险规避程度越高，供应链效率越低。

（3）需求质量敏感系数越大，供应链各成员的期望利润越高，但供应链效率越低；产品质量改进成本越低，供应链各成员的期望利润越高，其供应链效率越低。

（4）从零售商的角度提出由期权和成本分担构成的组合契约能够实现供应链协调，且供应商仍需要承担一定的风险才能使得供应链达到协调，供应链协调下零售商的期望利润随着期权价格的增加而增加，供应商的期望利润随着期权价格的增加而减少，其揭示供应链协调下的系统利润仍可通过期权价格实行自由分配。

（5）当进行供应链契约设计时，需求质量敏感系数、质量竞争系数、供应商风险规避系数和质量改进成本系数都是必要考量的重要参数。

第 5 章
考虑损失规避与质量和营销努力的零售商主导型供应链期权协调研究

5.1 引 言

大量研究表明，企业的决策偏好行为对生产/订购和供应链协调都有着重要的影响[131-132]，风险规避和损失规避从两个角度描述了企业的保守决策行为。近年来，众多学者在考虑企业决策偏好行为的条件下研究了供应链管理和协调问题，取得了丰富的研究成果，相关文献讨论见 1.2.5 部分。那么，与考虑企业的风险规避行为的研究结论相比，考虑企业的损失规避行为来研究同样的问题将会呈现什么样的结果，有何区别？

因此，在第 3 章的基础上，本章以由一个损失规避的供应商和一个风险中性且占主导地位的零售商组成的二级 VMI 供应链为研究对象，考虑市场需求同时受产品质量和营销努力水平的影响，将损失规避效用函数分别应用于供应商的销售收益和生产过剩损失两个分离的账户来刻画供应商的损失规避特征，构建了以零售商为主导的 Stackelberg 博弈模型，首先考虑无协调契约时分散决策下和集中决策下供应链的最优策略，然后运用由期权和成本分担构成的组合契约来探讨供应链的协调策略问题以及供应商损失规避行为对供应链协调契约设计和利润分配的影响。

5.2 模型描述与假设

考虑由一个损失规避的供应商和一个风险中性的零售商组成的单周期二级

VMI 供应链，零售商在供应链中占主导地位，是供应链协调契约的制定者，在整个周期内供应商负责管理库存并承担库存风险。假定供应链双方的所有信息是完全共享的，产品市场需求是随机的且依赖于产品质量水平和营销努力水平。

本章节所涉及的主要符号说明汇总如下：

D ——零售商面临的最终市场需求；

c ——单位产品的生产成本；

w ——单位产品的批发价格；

p ——单位产品的零售价格；

v ——单位产品的处理残值；

x ——市场需求的随机扰动因子；

L ——随机扰动因子 x 的下边界；

U ——随机扰动因子 x 的上边界；

$f(x)$ ——随机扰动因子 x 的概率密度函数；

$F(x)$ ——随机扰动因子 x 的累计分布函数；

a ——市场需求的初始规模；

α ——市场需求对产品质量的敏感系数；

β ——市场需求对营销努力水平的敏感系数；

q ——产品质量水平；

s ——营销努力水平；

Q ——产品生产量；

m ——产品质量改进的成本系数；

n ——营销努力投入的成本系数；

o ——期权价格；

e ——期权执行价格；

γ ——成本分担系数；

λ ——供应商的损失规避系数；

π_s ——供应商的利润；

π_r ——零售商的利润；

π_{sc} ——供应链整体的利润。

在本书的研究中，Q、q 和 s 为决策变量，其他均为外生变量。参考文献[76, 108]，零售商面临的最终市场需求可表示为

$$D = a - p + \alpha q + \beta s + x \tag{5-1}$$

其中，a 为产品需求的初始规模，其与产品质量和营销努力水平无关，$a > 0$；α 为顾客需求对产品质量的敏感系数，β 为顾客需求对营销努力水平的敏感系数，$\alpha > 0$，$\beta > 0$；x 为需求随机扰动因子，假定 x 在 $[L, U]$ 服从概率密度函数为 $f(x)$、累计分布函数为 $F(x)$ 的分布，且 $F(x)$ 为连续、可微、单调递增函数。该需求函数表示，产品质量水平和营销努力水平越高，产品市场需求就越大。在后文中，为便于书写，记 $d(q, s) = a - p + \alpha q + \beta s$。

在现实中，产品质量水平越高，供应商需要投入的成本越多，且投入成本关于产品质量水平是边际递减的。参考文献[205]，假定产品质量改进成本为 mq^2。同样地，营销努力水平的投入成本也是边际递减的，假设营销努力成本为 ns^2。为了便于模型分析且不失一般性，不考虑产品的缺货损失。本章使用下标 s、r 和 sc 分别代表供应商、零售商和供应链，且使用上标 I、wp 和 cc 分别表示集中决策情形、无协调契约的分散决策情形和有协调契约的情形。

针对供应商的损失规避行为，不同于现有大多数文献采用效用函数合并评价整体收益的建模方法，借鉴文献[207]，将效用函数分别应用于供应商的销售收益和生产过剩损失两个分离的账户来刻画供应商的损失规避特征，此时损失规避供应商的目标是实现期望效用最大化。该效用函数定义为

$$U(A) = -\lambda [A]^- + [A]^+ \tag{5-2}$$

其中，当 $A < 0$ 时，$[A]^- = |A|$，否则，$[A]^- = 0$；当 $A > 0$ 时，$[A]^+ = A$，否则，$[A]^+ = 0$。$\lambda > 1$ 为供应商的损失规避系数；λ 越大，表示供应商的损失规避程度越高，即表示供应商更加厌恶利润的损失；$\lambda = 1$ 表示供应商是风险中性的。

5.3 基本模型构建与分析

5.3.1 分散化供应链决策

在无协调契约的分散化供应链中,事件的发生顺序如下:在销售季节开始前,零售商作为供应链的领导者,率先确定营销努力水平 s^{wp},随后供应商决定产品质量水平 q^{wp} 并根据对市场需求的预测确定生产量 Q^{wp}。销售季节开始后,市场需求实现,零售商根据真实的市场需求向供应商以批发价格 w 采购产品并以零售价格 p 进行销售,且最大采购量为供应商的生产量。期末时刻,若市场需求小于供应商生产量,则供应商承担生产过剩损失并进行残值处理。分散决策下,零售商和供应商之间展开由零售商领导的 Stackelberg 博弈,对于这类问题的求解,一般采用逆向归纳法,先求出供应商的产品质量水平和生产量,再求解零售商的营销努力水平。为了避免不合理情况的发生,假设 $p > w > c$。

通过上述说明,期末时刻损失规避供应商的效用为

$$U_s^{wp} = \begin{cases} (w-c)Q^{wp} - m(q^{wp})^2 & , D^{wp} \geqslant Q^{wp} \\ (w-c)D^{wp} - \lambda(c-\upsilon)(Q^{wp} - D^{wp}) - m(q^{wp})^2 & , D^{wp} < Q^{wp} \end{cases} \quad (5\text{-}3)$$

则供应商的期望效用为

$$EU_s^{wp} = (w-c)D^{wp} - m(q^{wp})^2 - (w-c+\lambda(c-\upsilon))\int_L^{Q^{wp}-d(q^{wp},s^{wp})} F(x)dx \quad (5\text{-}4)$$

通过等式(5-4),可得供应商的最优生产量和最优产品质量水平。

命题 5-1 在无协调契约的分散化供应链中,存在唯一的最优生产量 Q^{wp*} 和最优的产品质量水平 q^{wp*},其满足

$$Q^{wp*} = F^{-1}\left(\frac{w-c}{w-c+\lambda(c-\upsilon)}\right) + d(q^{wp*}, s^{wp}) \quad (5\text{-}5)$$

$$q^{wp*} = \frac{\alpha(w-c)}{2m} \quad (5\text{-}6)$$

证明 通过等式(5-4),可得

$$\frac{\partial^2 EU_s^{wp}}{\partial Q^{wp 2}} = -(w-c+\lambda(c-\upsilon))f\left(Q^{wp} - d(q^{wp}, s^{wp})\right) < 0 \quad (5\text{-}7)$$

$$\begin{vmatrix} \dfrac{\partial^2 EU_s^{wp}}{\partial Q^{wp2}} & \dfrac{\partial^2 EU_s^{wp}}{\partial Q^{wp}\partial q^{wp}} \\ \dfrac{\partial^2 EU_s^{wp}}{\partial Q^{wp}\partial q^{wp}} & \dfrac{\partial^2 EU_s^{wp}}{\partial q^{wp2}} \end{vmatrix} = m(w-c+\lambda(c-v))f\left(Q^{wp}-d(q^{wp},s^{wp})\right) > 0 \quad (5\text{-}8)$$

因此，EU_s^{wp} 关于 Q^{wp} 和 q^{wp} 的黑塞矩阵为负定的，表明 EU_s^{wp} 是关于 Q^{wp} 和 q^{wp} 的联合凹函数，即存在唯一的最优生产量和最优的产品质量水平。

对 EU_s^{wp} 关于 Q^{wp} 和 q^{wp} 分别求导可得

$$\frac{\partial EU_s^{wp}}{\partial Q^{wp}} = w-c-(w-c+\lambda(c-v))F\left(Q^{wp}-d(q^{wp},s^{wp})\right) \quad (5\text{-}9)$$

$$\frac{\partial EU_s^{wp}}{\partial q^{wp}} = \alpha(w-c+\lambda(c-v))F\left(Q^{wp}-d(q^{wp},s^{wp})\right) - 2mq^{wp} \quad (5\text{-}10)$$

令 $\partial EU_s^{wp}/\partial Q^{wp}=0$ 和 $\partial EU_s^{wp}/\partial q^{wp}=0$ 并联立求解，供应商的最优生产量 Q^{wp*} 和最优的产品质量水平 q^{wp*} 分别为

$$Q^{wp*} = F^{-1}\left(\frac{w-c}{w-c+\lambda(c-\upsilon)}\right) + d(q^{wp*},s^{wp}) \quad (5\text{-}11)$$

$$q^{wp*} = \frac{\alpha(w-c)}{2m} \quad (5\text{-}12)$$

故命题 5-1 得证。

在给定零售商的营销努力水平的情况下，命题 5-1 刻画了供应商的最优反应函数。命题 5-1 表明，尽管供应商的最优生产量依赖于其损失规避程度，但最优的产品质量水平与供应商损失规避程度无关。也就是说，供应商的损失规避行为仅影响其生产量决策。进一步，运用隐函数理论可得

$$\begin{aligned}\frac{\partial Q^{wp*}}{\partial \lambda} &= -\frac{\partial^2 EU_s^{wp}}{\partial Q^{wp}\partial \lambda}\Big/\frac{\partial^2 EU_s^{wp}}{\partial Q^{wp2}} \\ &= \frac{-(c-\upsilon)F(Q^{wp}-d(q^{wp},s^{wp}))}{(w-c+\lambda(c-\upsilon))f\left(Q^{wp}-d(q^{wp},s^{wp})\right)}\end{aligned} \quad (5\text{-}13)$$

显然，$\partial Q^{wp*}/\partial \lambda < 0$，即供应商的最优生产量随着损失规避系数的增加而减少，供应商损失规避程度越高，其最优生产量越小。当供应商为风险中性，

即 $\lambda=1$ 时，供应商的最优生产量为 $Q^{wp*} = F^{-1}((w-c)/(w-v)) + d(q^{wp*}, s^{wp})$，表明，损失规避的供应商的最优生产量不大于风险中性供应商的最优生产量，在实践中这是合理的，因为损失规避的供应商宁愿牺牲部分收益来获取稳定的利润，也不愿承担库存过剩的风险来追求更大的利润。

接下来，我们将讨论零售商的最优营销努力水平。零售商作为 Stackelberg 博弈的领导者，其目标是在预期到供应商的反应函数后寻求最优的营销努力水平来实现自身期望利润的最大化。那么，零售商的问题可表述为

$$\max_{s^{wp}} E\pi_r^{wp} = E[(p-w)\min\{Q^{wp*}, D^{wp}\} - n(s^{wp})^2] \quad (5\text{-}14)$$

其中，等式（5-14）右边的第一项为零售商的销售收益，第二项为零售商的营销努力成本。进一步，可得命题 5-2。

命题 5-2　在无协调契约的分散化供应链中，零售商存在唯一的最优营销努力水平 s^{wp*}，其满足

$$s^{wp*} = \frac{\beta(p-w)}{2n} \quad (5\text{-}15)$$

证明　通过等式（5-14），零售商的期望利润为

$$E\pi_r^{wp} = (p-w)\left(Q^{wp*} - \int_L^{Q^{wp*}-d(q^{wp*},s^{wp})} F(x)\mathrm{d}x\right) - n(s^{wp})^2 \quad (5\text{-}16)$$

对等式（5-16）关于 s^{wp} 求一阶偏导数和二阶偏导数可得

$$\frac{\partial E\pi_r^{wp}}{\partial s^{wp}} = \beta(p-w) - 2ns^{wp} \quad (5\text{-}17)$$

$$\frac{\partial^2 E\pi_r^{wp}}{\partial s^{wp2}} = -2n < 0 \quad (5\text{-}18)$$

表明 $E\pi_r^{wp}$ 是关于 s^{wp} 的凹函数，零售商存在唯一的最优营销努力水平，通过一阶最优条件可得，零售商的最优营销努力水平 $s^{wp*} = \beta(p-w)/(2n)$。证毕。

命题 5-2 给出了分散决策下零售商的最优营销努力水平，显然，零售商的营销努力水平与供应商的损失规避程度无关。由命题 5-2 易证得 $\partial s^{wp*}/\partial p > 0$，表明分散决策下最优的营销努力水平与产品零售价格呈正相关。

那么，期末时刻供应商的最优期望利润为

$$E\pi_s^{wp*} = E\left[w\min\{Q^{wp*}, D^{wp}\} + \upsilon\max\{Q^{wp*} - D^{wp}, 0\} - cQ^{wp*} - m(q^{wp*})^2\right]$$
$$= (w-c)Q^{wp*} - (w-\upsilon)\int_L^{Q^{wp*}-d(q^{wp*},s^{wp*})} F(x)\mathrm{d}x - m(q^{wp*})^2 \tag{5-19}$$

因此，在分散决策下，供应链整体的最优期望利润为

$$E\pi_{sc}^{wp*} = E\pi_r^{wp*} + E\pi_s^{wp*}$$
$$= (p-c)Q^{wp*} - (p-\upsilon)\int_L^{Q^{wp*}-d(q^{wp*},s^{wp*})} F(x)\mathrm{d}x - m(q^{wp*})^2 - n(q^{wp*})^2 \tag{5-20}$$

5.3.2 集中化供应链决策

在集中决策下，供应商和零售商集中为一个虚拟的决策主体。假定该决策主体是风险中性的，这与文献[155]中的研究一致，其目标是制定合理的营销努力水平 s^I、产品质量水平 q^I 和产品生产量 Q^I，以实现供应链整体期望利润最优。在集中决策下，供应链整体的期望利润可表示为

$$E\pi_{sc}^I = E[p\min\{Q^I, D_I\} + \upsilon\max\{Q^I - Q^I, 0\} - cQ^I - m(q^I)^2 - n(s^I)^2] \tag{5-21}$$

其中，等式（5-21）右边第一项为销售收益，第二项为剩余产品的残值，第三项为制造成本，最后两项分别为质量改进成本和营销努力成本。供应链整体的期望利润函数可改写为

$$E\pi_{sc}^I = (p-c)Q^I - (p-\upsilon)\int_L^{Q^I-d(q^I,s^I)} F(x)\mathrm{d}x - m(q^I)^2 - n(s^I)^2 \tag{5-22}$$

通过等式（5-22），可得集中决策下供应链整体的最优决策。

命题 5-3 在集中决策下，供应链整体的最优营销努力水平 s^{I*}、最优产品质量水平 q^{I*} 和最优生产量 Q^{I*} 分别为

$$s^{I*} = \frac{\beta(p-c)}{2n} \tag{5-23}$$

$$q^{I*} = \frac{\alpha(p-c)}{2m} \tag{5-24}$$

$$Q^{I*} = F^{-1}\left(\frac{p-c}{p-\upsilon}\right) + d(q^{I*}, s^{I*}) \tag{5-25}$$

证明 给定 s^I 和 q^I，对 $E\pi_{sc}^I$ 关于 Q^I 求导

$$\frac{\partial E\pi_{sc}^I}{\partial Q^I} = p - c - (p - v)F\left(Q^I - d(q^I, s^I)\right) \quad (5\text{-}26)$$

$$\frac{\partial^2 E\pi_{sc}^I}{\partial (Q^I)^2} = -(p - v)f\left(Q^I - d(q^I, s^I)\right) < 0 \quad (5\text{-}27)$$

表明 $E\pi_{sc}^I$ 是关于 Q^I 的凹函数。令 $\partial E\pi_{sc}^I / \partial Q^I = 0$，则可得供应链整体的最优生产量为 $Q^{I*} = F^{-1}\left((p - c)/(p - v)\right) + d(q^I, s^I)$。将其代入等式（5-22），进一步有

$$\begin{vmatrix} \dfrac{\partial^2 E\pi_{sc}^I}{\partial q^{I2}} & \dfrac{\partial^2 E\pi_{sc}^I}{\partial q^I \partial s^I} \\ \dfrac{\partial^2 E\pi_{sc}^I}{\partial q^I \partial s^I} & \dfrac{\partial^2 E\pi_{sc}^I}{\partial s^{I2}} \end{vmatrix} = 4mn > 0 \quad (5\text{-}28)$$

因此，$E\pi_{sc}^I$ 关于 q^I 和 s^I 的黑塞矩阵为负定的，表明 $E\pi_{sc}^I$ 是关于 q^I 和 s^I 的联合凹函数，即存在唯一的最优产品质量水平和营销努力水平。通过一阶最优化条件可得，可得 $q^{I*} = \alpha(p - c)/(2m)$ 和 $s^{I*} = \beta(p - c)/(2n)$。证毕。

通过比较分析，可知 $Q^{wp*} < Q^{I*}$、$q^{wp*} < q^{I*}$ 和 $s^{wp*} < s^{I*}$。那就是说，供应链分散决策下的最优决策小于集中决策下的最优决策，进一步，通过等式（5-22）和等式（5-20）可以发现，供应链分散决策下的最优期望利润小于集中决策下供应链整体的最优期望利润（$E\pi_{sc}^{wp*} < E\pi_{sc}^{I*}$），作为供应链的领导者，零售商有动机制定协调契约来追求更高的利润。

5.4 供应链协调策略与利润分配

5.4.1 供应链协调策略

为了实现供应链协调、提高供应链利润，需要引入供应链契约来加强供应链上下游之间的合作。借鉴文献[66]，仍从零售商的角度引入由期权和成本分担构成的组合契约 (o, e, γ)。其中，o 为期权价格，即零售商需要提前支付给供应商的单位产量保留费用；e 为执行价格，即当市场需求实现后，零售商通过执行

第 5 章 考虑损失规避与质量和营销努力的
零售商主导型供应链期权协调研究

期权向供应商采购产品的单位产品购买价格；γ 为成本分担系数，即供应商需要承担的质量和服务投入总成本的比例。在组合契约下，零售商和供应商在产品质量和营销努力方面共同投资以达到集中决策下的最优策略，同时零售商可以通过调整组合契约参数来间接优化供应商的生产量来满足不确定的市场需求。为避免不合理的情况，假设 $c - \upsilon > o \geqslant 0$、$e > \upsilon > 0$ 和 $p > o + e > c > \upsilon$。

在组合契约下，事件的发生顺序如下：销售季节开始前，零售商通过协商向供应商提供组合契约 (o, e, γ) 并独立决定营销努力水平 s^{cc}，随后供应商接受契约并制定产品质量水平 q^{cc}，且根据对市场需求的预测确定生产量 Q^{cc}，生产结束后，供应商负责管理库存；销售季节开始后，市场需求实现，零售商根据真实的市场需求向供应商以单位成本为执行价格 e 采购产品并以零售价格 p 进行销售，且零售商的最大采购量为 Q^{cc}；期末时刻，对于未销售完的产品，供应商承担生产过剩损失并进行残值处理。在整个事件过程中，零售商和供应商展开由零售商领导的 Stackelberg 博弈。

通过上述描述，在组合契约下，损失规避供应商的效用为

$$U_s^{cc} = \begin{cases} (o+e-c)Q^{cc} - \gamma\left(m(q^{cc})^2 + n(s^{cc})^2\right), & D^{cc} \geqslant Q^{cc} \\ (o+e-c)Q^{cc} - \lambda(c-o-\upsilon)(Q^{cc} - D^{cc}) - \gamma\left(m(q^{cc})^2 + n(s^{cc})^2\right), & D^{cc} < Q^{cc} \end{cases} \quad (5\text{-}29)$$

则供应商的期望效用为

$$EU_s^{cc} = (o+e-c)Q^{cc} - \gamma\left(m(q^{cc})^2 + n(s^{cc})^2\right) - \\ (o+e-c+\lambda(c-o-\upsilon))\int_L^{Q^{cc}-d(q^{cc},s^{cc})} F(x)\mathrm{d}x \quad (5\text{-}30)$$

进一步可得

$$\frac{\partial^2 EU_s^{cc}}{\partial (Q^{cc})^2} = -(o+e-c+\lambda(c-o-\upsilon))f\left(Q^{cc} - d(q^{cc}, s^{cc})\right) < 0 \quad (5\text{-}31)$$

$$\begin{vmatrix} \dfrac{\partial^2 EU_s^{cc}}{\partial Q^{cc2}} & \dfrac{\partial^2 EU_s^{cc}}{\partial Q^{cc}\partial q^{cc}} \\ \dfrac{\partial^2 EU_s^{cc}}{\partial Q^{cc}\partial q^{cc}} & \dfrac{\partial^2 EU_s^{cc}}{\partial q^{cc2}} \end{vmatrix} = m\gamma(o+e-c+\lambda(c-o-\upsilon))f\left(Q^{cc} - d(q^{cc}, s^{cc})\right) > 0 \quad (5\text{-}32)$$

因此，EU_s^{cc} 关于 Q^{cc} 和 q^{cc} 的黑塞矩阵为负定的，表明 EU_s^{cc} 是关于 Q^{cc} 和 q^{cc} 的联合凹函数，即存在唯一的最优生产量和最优的产品质量水平。

对 EU_s^{cc} 关于 Q^{cc} 和 q^{cc} 分别求导可得

$$\frac{\partial EU_s^{cc}}{\partial Q^{cc}} = o + e - c - (o + e - c + \lambda(c - o - \upsilon))F(Q^{cc} - d(q^{cc}, s^{cc})) \quad (5\text{-}33)$$

$$\frac{\partial EU_s^{cc}}{\partial q^{cc}} = \alpha(o + e - c + \lambda(c - o - \upsilon))F(Q^{cc} - d(q^{cc}, s^{cc})) - 2m\gamma q^{cc} \quad (5\text{-}34)$$

令 $\partial EU_s^{cc} / \partial Q^{cc} = 0$ 和 $\partial EU_s^{cc} / \partial q^{cc} = 0$ 联立求解，供应商的最优生产量 Q^{cc*} 和最优的产品质量水平 q^{cc*} 分别为

$$Q^{wp*} = F^{-1}\left(\frac{o + e - c}{o + e - c + \lambda(c - o - \upsilon)}\right) + d(q^{cc*}, s^{cc}) \quad (5\text{-}35)$$

$$q^{cc*} = \frac{\alpha(o + e - c)}{2m\gamma} \quad (5\text{-}36)$$

在给定零售商的营销努力水平的情况下，等式（5-35）和等式（5-36）刻画了供应商的最优反应函数。接下来，我们将讨论零售商的最优营销努力水平。零售商作为 Stackelberg 博弈的领导者，其目标是在预期到供应商的反应函数后寻求最优的营销努力水平来实现自身期望利润的最大化。那么，零售商的问题可表述为

$$\max_{s^{cc}} E\pi_r^{cc} = E[(p-e)\min\{Q^{cc*}, D^{cc}\} - oQ^{cc*} - (1-\gamma)(m(q^{cc})^2 + n(s^{cc})^2)] \quad (5\text{-}37)$$

其中，等式（5-37）右边的第一项为零售商的销售收益，第二项为零售商支付给供应商的期权费用，第三项为零售商需要承担的产品质量改进和营销努力的成本。进一步，零售商的期望利润函数可改写为

$$E\pi_r^{cc} = (p - e - o)Q^{cc*} - (p - e)\int_L^{Q^{cc*} - d(q^{cc*}, s^{cc})} F(x)\mathrm{d}x - (1-\gamma)(m(q^{cc})^2 + n(s^{cc})^2) \quad (5\text{-}38)$$

对等式（5-38）关于 s^{cc} 求一阶偏导数和二阶偏导数可得

$$\frac{\partial E\pi_r^{cc}}{\partial s^{cc}} = \beta(p - o - e) - 2(1-\gamma)ns^{cc} \quad (5\text{-}39)$$

第 5 章 考虑损失规避与质量和营销努力的零售商主导型供应链期权协调研究

$$\frac{\partial^2 E\pi_r^{cc}}{\partial s^{cc2}} = -2(1-\gamma)n < 0 \tag{5-40}$$

表明 $E\pi_r^{cc}$ 是关于 s^{cc} 的凹函数，零售商存在唯一的最优营销努力水平，通过一阶最优条件可得，零售商的最优营销努力水平为

$$s^{cc*} = \frac{\beta(p-e-o)}{2n(1-\gamma)} \tag{5-41}$$

那么，期末时刻供应商的最优期望利润为

$$\begin{aligned}
E\pi_s^{cc*} &= E[oQ^{cc*} + e\min\{Q^{cc*}, D^{cc}\} + \upsilon\max\{Q^{cc*} - D^{cc}, 0\} \\
&\quad - Q^{cc*} - \gamma\left(m(q^{cc*})^2 + n(s^{cc*})^2\right)] \\
&= (o+e-c)Q^{cc*} - \gamma\left(m(q^{cc*})^2 + n(s^{cc*})^2\right) \\
&\quad - (e-\upsilon)\int_L^{Q^{cc*}-d(q^{cc*}, s^{cc*})} F(x)\mathrm{d}x - m(q^{wp*})^2
\end{aligned} \tag{5-42}$$

根据文献[4]，要使供应链实现协调，需有 $Q^{cc*} = Q^{l*}$、$q^{cc*} = q^{l*}$、$s^{cc*} = s^{l*}$，则可得如下命题。

命题 5-4 在组合契约 (o, e, γ) 下，要使供应链实现协调，需要组合契约参数满足集合 M：

$$M = \left\{(e, o, \gamma): e = \frac{(c-o-\upsilon)(c-c\lambda+\lambda p) + o\upsilon}{c-\upsilon}, \gamma = \frac{(c-o-\upsilon)\lambda}{c-\upsilon}, o \in [0, c-\upsilon]\right\}$$

证明 由 $Q^{cc*} = Q^{l*}$、$q^{cc*} = q^{l*}$、$s^{cc*} = s^{l*}$ 可知 $\dfrac{o+e-c}{o+e-c+\lambda(c-o-\upsilon)} = \dfrac{p-c}{p-\upsilon}$、$\dfrac{\alpha(o+e-c)}{2\lambda m} = \dfrac{\alpha(p-c)}{2m}$ 和 $\dfrac{\beta(p-e-o)}{2n(1-\gamma)} = \dfrac{\beta(p-c)}{2n}$，进一步整理可得

$$e = \frac{(c-o-\upsilon)(c-c\lambda+\lambda p) + o\upsilon}{c-\upsilon} \tag{5-43}$$

$$\gamma = \frac{(c-o-\upsilon)\lambda}{c-\upsilon} \tag{5-44}$$

故命题 5-4 得证。

命题 5-4 给出了组合契约能够协调供应链的条件，与考虑供应商风险规避行

为的研究结论不同的是,该协调条件表明组合契约在此供应链协调中的有效性不受供应商损失规避程度的制约。与无协调契约的分散决策供应链相比,组合契约带来的额外利润为

$$\Delta E\pi = (p-c)(Q^{l*} - Q^{wp*}) - (p-\upsilon)\int_{Q^{wp*}-d(q^{wp*},s^{wp*})}^{Q^{l*}-d(q^{l*},s^{l*})} F(x)\mathrm{d}x - m\left((q^{l*})^2 - (q^{wp*})^2\right) - n\left((s^{l*})^2 - (s^{wp*})^2\right) \quad (5\text{-}45)$$

进一步,当组合契约参数满足集合 M 时,可得到如下推论。

推论 5-1 当组合契约参数满足集合 M 时,期权执行价格和成本分担系数均关于期权价格严格递减,但都关于供应商的损失规避系数严格递增。

证明 通过等式(5-43)可得

$$\frac{\partial e}{\partial o} = -\frac{c - c\lambda + \lambda p - \upsilon}{c - \upsilon} < 0 \quad (5\text{-}46)$$

$$\frac{\partial e}{\partial \lambda} = \frac{(c - o - \upsilon)(p - c)}{c - \upsilon} > 0 \quad (5\text{-}47)$$

同理,通过等式(5-44)易得

$$\frac{\partial \gamma}{\partial o} = -\frac{\lambda}{c - \upsilon} < 0 \quad (5\text{-}48)$$

$$\frac{\partial \gamma}{\partial \lambda} = \frac{c - o - \upsilon}{c - \upsilon} > 0 \quad (5\text{-}49)$$

故推论 5-1 得证。

推论 5-1 揭示,当组合契约参数满足集合 M 时,期权执行价格与期权价格呈负相关关系,期权价格越高,期权执行价格就越低。此外,期权执行价格与供应商的损失规避系数呈正相关关系,供应商的损失规避程度越高,零售商将被迫增加期权执行价格来刺激供应商生产从而实现供应链协调。同时,成本分担系数也将受到供应商的损失规避系数的影响,当供应商的损失规避程度增加时,为了获得供应链协调供应商需要承担更多的产品质量改进和营销努力成本。

5.4.2 供应链系统利润分配

本小节将进一步讨论供应链协调下的利润分配问题。从命题 5-4 可知,供应

链协调下期权执行价格和成本分担系数均是关于期权价格的函数，那么，若给定其他外生变量，供应链协调下供应链各方的期望利润仅依赖于期权价格，则可得如下推论。

推论 5-2 在组合契约 (o,e,γ) 的协调下，供应商的期望利润随着期权价格的增加而减小，而零售商的期望利润随着期权价格的增加而增加。

证明 在组合契约 (o,e,γ) 的协调下，供应商的最优期望利润为

$$E\pi_s^{cc} = \frac{(c-o-\upsilon)\lambda}{c-\upsilon}\left((p-c)Q^{I*} - m(q^{I*})^2 - n(s^{I*})^2\right) - \frac{p\lambda - c\lambda - \upsilon + c}{\lambda}\frac{(c-o-\upsilon)\lambda}{c-\upsilon}\int_L^{F^{-1}\left(\frac{p-c}{p-\upsilon}\right)}F(x)\mathrm{d}x \quad (5\text{-}50)$$

对 $E\pi_s^{cc}$ 关于 o 求一阶偏导数可得

$$\frac{\partial E\pi_s^{cc}}{\partial o} = -\frac{\lambda}{c-\upsilon}\left((p-c)Q^{I*} - m(q^{I*})^2 - n(s^{I*})^2\right) + \frac{p\lambda - c\lambda - \upsilon + c}{\lambda}\frac{\lambda}{c-\upsilon}\int_L^{F^{-1}\left(\frac{p-c}{p-\upsilon}\right)}F(x)\mathrm{d}x \quad (5\text{-}51)$$

由于 $p\lambda - c\lambda - \upsilon + c < \lambda(p-\upsilon)$，则有 $\partial E\pi_s^{cc}/\partial o < 0$。由于供应链协调下供应商和零售商的期望利润之和等于集中决策下的期望利润且为常数，则零售商的期望利润随着期权价格的增加而增加。证毕。

推论 5-2 表明，当组合契约满足集合 M 时，零售商只需要调整期权价格便能实现供应链整体利润的有效分配。在实践中，零售商仅需要制定合理的期权价格（或组合契约），便能确保供应链双方的期望利润在原有基础上（无协调契约时）不受到损害，该组合契约能够使得供应链双方实现 Pareto 改进。

推论 5-3 在组合契约 (o,e,γ) 的协调下，给定某一期权价格，供应商的期望利润随着其损失规避程度的增加而增加，而零售商的期望利润随着供应商的损失规避程度的增加而减小。

证明 对等式（5-48）关于 λ 求一阶偏导数可得

$$\frac{\partial E\pi_s^{cc}}{\partial \lambda} = \frac{c-o-\upsilon}{c-\upsilon}\left((p-c)Q^{I*} - m(q^{I*})^2 - n(s^{I*})^2\right) - \frac{(c-o-\upsilon)(p-c)}{c-\upsilon}\int_L^{F^{-1}\left(\frac{p-c}{p-\upsilon}\right)}F(x)\mathrm{d}x \quad (5\text{-}52)$$

显然，$\partial E\pi_s^{cc}/\partial\lambda > 0$，即供应商的期望利润随着其损失规避程度的增加而增加。由于供应链协调下供应商和零售商的期望利润之和等于集中决策下的期望利润，零售商的期望利润随着供应商的损失规避程度的增加而减小。证毕。

推论 5-3 表明，在给定期权价格的条件下，当供应商的损失规避程度增加时，零售商需要牺牲部分收益来确保供应链实现协调，从而导致供应商的期望利润随着其损失规避程度的增加而增加，而零售商则相反。这是因为供应商的损失规避程度越高，零售商需要支付更高的期权执行价格才能使得供应链实现协调。因此，推论 5-3 也表明，供应商的损失规避程度是供应链整体利润分配和协调契约制定的关键参考变量，且在一定条件下，供应商能从其损失规避行为中获益。

值得注意的是，在实践中，并不是所有能够实现供应链协调的契约都能够顺利实施。要使得供应链协调契约被供应链参与各方都愿意接受，需要确保供应链双方的期望利润在原有基础上（无协调契约时）不受到损害且至少有一方的期望利润所有增加。推论 5-2 揭示，供应链协调条件下供应商和零售商的期望利润都是期权价格的函数，且通过期权价格可以自由地分配供应链的整体期望利润。那么，当期权价格满足 $E\pi_r^{cc}(o) = E\pi_r^{wp*}$ 时，零售商所分配的期望利润与无协调契约条件下的最优期望利润一致。同理，当期权价格满足 $E\pi_s^{cc}(o) = E\pi_s^{wp*}$ 时，供应商所获得的期望利润与无协调契约条件下的最优期望利润一致。同时，推论 5-2 也表明，供应链协调下供应商的期望利润随着期权价格的增加而减小，而零售商的期望利润随着期权价格的增加而增加。那么，在组合契约 (o,e,γ) 下，要使供应链同时实现协调和 Pareto 改进，需要求组合契约参数满足集合 N：

$$N = \left\{(e,o,\gamma): e = \frac{(c-o-\upsilon)(c-c\lambda+\lambda p)+o\upsilon}{c-\upsilon}, \gamma = \frac{(c-o-\upsilon)\lambda}{c-\upsilon}, o \in [o_{\min}, o_{\max}]\right\}$$

其中，$E\pi_r^{cc}(o_{\min}) = E\pi_r^{wp*}$，$E\pi_s^{cc}(o_{\max}) = E\pi_s^{wp*}$。

那就是说，契约参数满足集合 N 的所有组合契约对供应商和零售商都是有利的。特别地，当 $o = o_{\max}$ 时，零售商获得了供应链协调后供应链整体增加的所有额外利润，而供应商的利润保持不变。进一步，若供应商是风险中性的，在组合契约 (o,e,γ) 下，要使供应链同时实现协调和 Pareto 改进，需要求组合契约

参数满足集合 $N_{\eta=1}$：

$$N_{\eta=1} = \left\{ (e,o,\gamma) : e = p - \frac{p-\upsilon}{c-\upsilon}o, \lambda = \frac{c-o-\upsilon}{c-\upsilon}, o \in [o_{\min}, o_{\max}] \right\}$$

其中，$o_{\min} = \frac{E\pi_r^{wp*}}{E\pi_{sc}^{I*}}(c-\upsilon)$，$o_{\max} = \left(1 - \frac{E\pi_s^{wp*}}{E\pi_{sc}^{I*}}\right)(c-\upsilon)$。

上述结论直观地展示了期权价格的可行域依赖于无协调契约下供应商和零售商的最优期望利润。当零售商不实施营销努力且供应商不进行产品质量改进时，该结果与文献[62]中的命题 4 一致。

5.5 数值分析

本节主要是通过数值分析直观地展示期权契约下期权价格对供应链各方期望利润的影响，以及供应商损失规避程度对供应链契约设计和供应链整体利润分配的影响。此外，还验证了无协调契约时供应商的损失规避系数对最优生产量和供应链各方期望利润的影响。在我们的研究中，假定市场需求的随机变量 x 在 $[-500, 500]$ 上服从均匀分布，在满足模型假设的条件下，其他相应的参数分别设置为 $p = 30$、$c = 10$、$w = 18$、$\upsilon = 5$、$a = 1000$、$\alpha = 2$、$\beta = 1$、$m = 0.05$ 和 $n = 0.02$。

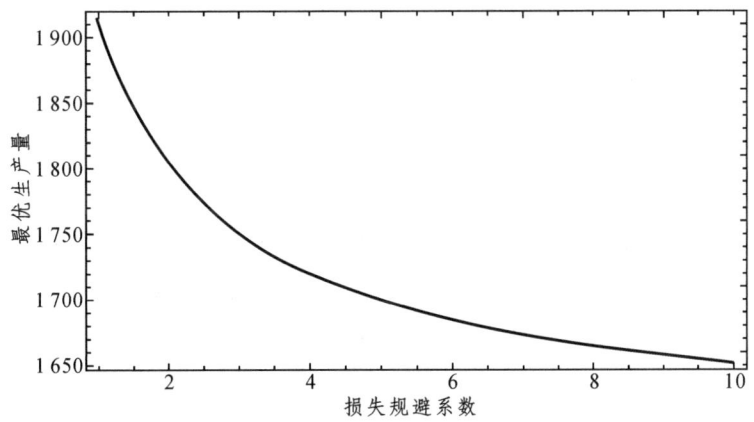

图 5-1　供应商损失规避系数对最优生产量的影响

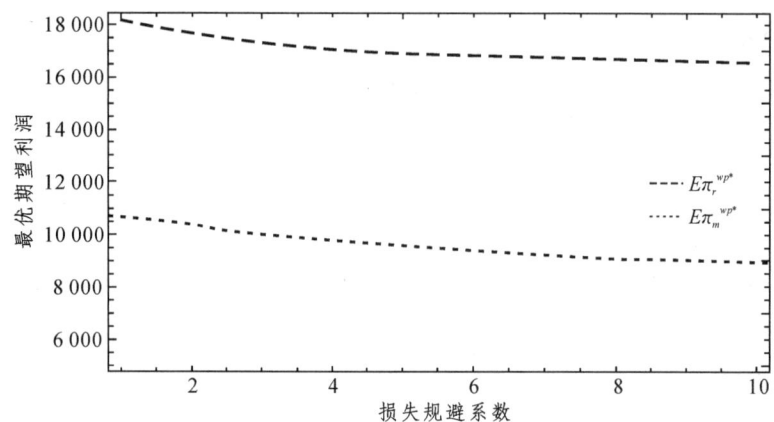

图 5-2 供应商损失规避系数对供应链双方期望利润的影响

在无协调契约的分散化供应链中,图 5-1 和图 5-2 揭示了供应商的损失规避系数对供应商的最优生产量和供应链双方期望利润的影响。供应商的损失规避程度越高,供应商的最优生产量越少,相应地,供应商和零售商的期望利润均降低。表明,当供应商的损失规避程度增加时,引入组合契约来协调供应链对供应链双方更有利。

图 5-3 和图 5-4 描述了当供应链实现协调时不同损失规避程度下期权价格对供应链各方期望利润的影响。供应商的期望利润随着期权价格的增加而减小,零售商的期望利润随着期权价格的增加而增加。若 $\lambda=2$,当 $o=o_{\max}=4.23$ 时,零售商将获取所有的额外利润,而供应商的期望利润等于无协调契约下的期望利润;当 $o=o_{\min}=3.79$ 时,零售商的期望利润保持不变,供应商将获得所有的额外利润。因此,当期权价格满足 $3.79\leqslant o\leqslant 4.23$ 时,与无协调契约相比,供应链实现了 Pareto 改进,此时供应商和零售商均愿意接受组合契约。

此外,若给定供应商和零售商期望利润的分配比例,供应商的损失规避程度越高,零售商需要制定的期权价格越高。当供应商的损失规避程度增加,期权价格可行域上下边界均增大。若保持期权价格不变,当供应商的损失规避系数增大时,供应商的期望利润减小而零售商的期望利润增大,表明在一定条件下供应商能够从其自身的损失规避行为中获益。

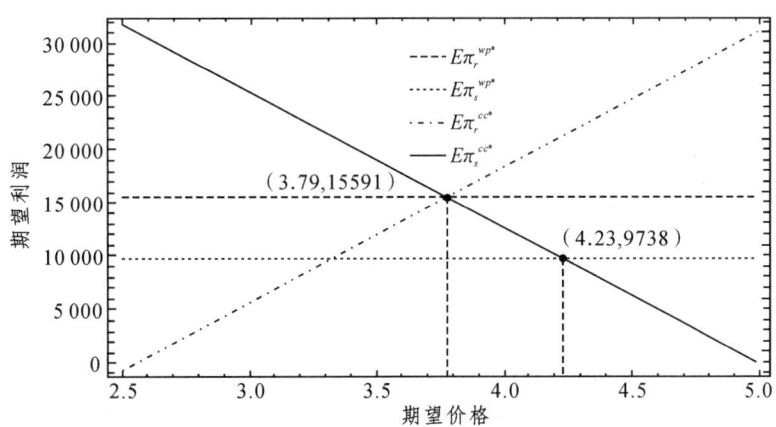

图 5-3　$\lambda=2$ 时供应链协调下期权价格对供应链双方期望利润的影响

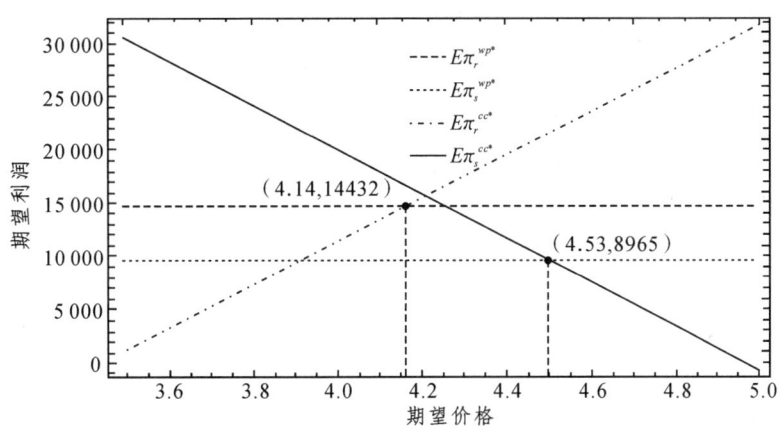

图 5-4　$\lambda=3$ 时供应链协调下期权价格对供应链双方期望利润的影响

5.6　小　结

本章在考虑市场需求受产品质量水平和营销努力水平影响的基础上，针对由一个损失规避的供应商与一个风险中性的零售商组成的 VMI 供应链，将效用函数分别应用于供应商的销售收益和生产过剩损失两个分离的账户来刻画供应商的损失规避特征，构建了以零售商为主导的 Stackelberg 博弈模型，并从零售商的角度提出由期权与成本分担组成的组合契约，研究了供应链协调和利润分配问题。

研究表明：

（1）供应商的最优生产量随着其损失规避程度的增加而减小，但最优的产品质量水平和营销努力水平与损失规避程度无关。

（2）由期权与成本分担构成的组合契约能够同时实现供应链协调和 Pareto 改进，与考虑供应商的风险规避特性的研究结论相比，组合契约在供应链协调和 Pareto 改进方面的有效性不受供应商损失规避程度的影响，当供应链实现协调时，期权执行价格和成本分担系数均与期权价格呈负相关关系。

（3）供应链协调下供应商的期望利润随着期权价格的增加而减小，零售商的期望利润随着期权价格的增加而增加，在实践中零售商仅需要调整期权价格即可实现供应链整体利润的自由分配。

（4）在给定期权价格的条件下，供应商的期望利润随着其损失规避程度的增加而增加，零售商的期望利润随着损失规避程度的增加而减小，供应商的损失规避程度是契约设计和供应链整体利润分配的关键因素。

第 6 章
考虑损失规避与供需随机的
零售商主导型供应链期权协调研究

6.1 引 言

在实务运作中,供应链除了要面对不确定的市场需求外,还要面对生产的不确定导致的供应随机性。例如,在半导体行业,由于生产过程的复杂性和产品规格的严格性(空气洁净度、空气温湿度和加工时间等因素都会直接影响到芯片质量),导致最终产品的产出具有极大的随机性[2];在农业方面,受温度、湿度、光照、施肥、虫害、种植技术等因素的影响,农产品的产出常常呈现较强的随机性,同时以农产品为原料的制造商也相应地面临着原材料采购和产成品供应的不确定风险[3]。与此同时,在不确定的市场环境下,企业无法精确预测产品的产出量和市场需求,供需不匹配问题时常发生,且这种不匹配性通常会给企业带来一定的风险损失,而面对不确定的风险损失企业表现出不同的偏好,对于大多数中小企业而言,其更愿意规避损失去追求稳定的收益。近年来,损失规避作为一种描述企业决策偏好行为的方法和手段引起了学者们广泛的讨论和研究。相关文献讨论参考 1.2.4 和 1.2.5 部分。那么,在此背景下,期权机制能否解决供需不确定引起的效率损失,能否实现供应链完美协调,能否有效分配利润?这正是本章需要回答的问题。

基于以上分析,本章针对一个损失规避的供应商和一个风险中性且占主导地位的零售商组成的二级 VMI 供应链。不同于大多数文献采用效用函数合并评价整体收益的建模方法,将损失规避效用函数分别应用于供应商的销售收益和生产过剩损失两个分离的账户来刻画供应商的损失规避特征,首先分析了供需不确定性和供应商的损失规避行为对最优生产投入量和供应链效率的影响。然后从零售商的角度引入期权契约来探讨供应链协调策略，讨论期权价格和损失规避程度对期权契约参数和供应链利润分配的影响。

6.2 模型描述与假设

考虑由单个供应商和单个零售商组成的二级 VMI 供应链。其中，供应商是损失规避的，零售商是风险中性的，且零售商在供应链占主导地位，是供应链契约的制定者。供应商通过零售商向最终的消费者销售一种短生命周期产品，其中产品供应和市场需求均是随机的，但供应链双方包括供需信息在内的所有信息是完全共享的。借鉴文献[208]，我们假定产品的产出或供应量是投入量的一个随机比例。对于一个任意的投入量 Q，其实际的产出量为 yQ，其中，y 是一个随机变量，假定 y 在 $[l_s, u_s]$（$0 \leq l_s < u_s \leq 1$）上服从概率密度函数为 $h(y)$、累计分布函数为 $H(y)$ 的分布，且 $H(y)$ 为连续、可微、单调递增函数，$\bar{H}(y) = 1 - H(y)$ 表示尾部分布，$\mu = \int_{l_s}^{u_s} y h(y) \mathrm{d}y$ 表示产出比例的均值。在整个生产过程中，供应商仅对实际产出量付出生产成本[208-209]。

针对供应商的损失规避行为，仍借鉴文献[207]，将效用函数分别应用于供应商的销售收益和生产过剩损失两个分离的账户来刻画供应商的损失规避特征，损失规避供应商的目标是实现期望效用最大化。

现将本章节所涉及的重要符号说明汇总如下：

c——单位产品的生产成本；

w——单位产品的批发价格；

p——单位产品的零售价格；

v——单位产品的处理残值；

x——随机市场需求；

l_d——随机市场需求 x 的下边界；

u_d——随机市场需求 x 的上边界；

$f(x)$——随机市场需求 x 的概率密度函数；

$F(x)$——随机市场需求 x 的累计分布函数；

y——产品产出的随机比例；

l_s——随机变量 y 的下边界；

u_s——随机变量 y 的上边界；

$h(y)$——随机变量 y 的概率密度函数；

$H(y)$——随机变量 y 的累计分布函数；

μ——随机变量 y 的均值；

Q——供应商的生产投入量；

λ——供应商的损失规避系数；

o——期权价格；

e——期权执行价格；

$E\pi_s$——供应商的期望利润；

$E\pi_r$——零售商的期望利润；

$E\pi_{sc}$——供应链整体的期望利润。

其中，仅 Q 为决策变量，其他均为外生变量。

6.3 模型构建与分析

6.3.1 分散化供应链决策

在无协调契约的分散化供应链中，事件的发生顺序如下：在销售季节开始前，供应商根据对投入产出比例和市场需求的预测制定生产投入量 Q^{wp}；销售季节开始后，市场需求实现，零售商根据真实的市场需求向供应商以批发价格 w 采购产品并以零售价格 p 进行销售，最大采购量为供应商的实际生产量 yQ^{wp}；销售季节结束后，对于未销售完的产品，供应商承担生产过剩损失并进行残值处理。为了避免不合理情况的发生，假设 $p>w>c$。通过上述说明，期末时刻损失规避供应商的效用为

$$U_s^{wp} = \begin{cases}(w-c)yQ^{wp} & ,x \geqslant yQ^{wp} \\ (w-c)x-\lambda(c-v)(yQ^{wp}-x) & ,x<yQ^{wp}\end{cases} \quad (6\text{-}1)$$

则供应商的期望效用为

$$EU_s^{wp} = \int_{l_s}^{u_s}\int_{l_d}^{yQ^{wp}}((w-c)x - \lambda(c-\upsilon)(yQ^{wp}-x))\mathrm{d}F(x)\mathrm{d}H(y) + \int_{l_s}^{u_s}\int_{yQ^{wp}}^{u_d}(w-c)yQ^{wp}\mathrm{d}F(x)\mathrm{d}H(y)$$ （6-2）

对 EU_s^{wp} 关于 Q^{wp} 求导可得

$$\frac{\partial EU_s^{wp}}{\partial Q^{wp}} = \int_{l_s}^{u_s}(w-c-(w-c+\lambda(c-\upsilon))F(yQ^{wp}))y\mathrm{d}H(y)$$ （6-3）

$$\frac{\partial^2 EU_s^{wp}}{\partial (Q^{wp})^2} = -\int_{l_s}^{u_s}y^2(w-c+\lambda(c-\upsilon))f(yQ^{wp})\mathrm{d}H(y) < 0$$ （6-4）

表明，EU_s^{wp} 是关于 Q^{wp} 的凹函数。因此，存在唯一的最优生产投入量使得供应商实现期望效用最大化。通过一阶最优条件，供应商的最优生产投入量 Q^{wp*} 满足

$$\int_{l_s}^{u_s}F(yQ^{wp*})y\mathrm{d}H(y) = \mu\frac{w-c}{w-c+\lambda(c-\upsilon)}$$ （6-5）

通过等式（6-5），运用隐函数定理易得 $\partial Q^{wp*}/\partial \lambda < 0$，则供应商的最优生产投入量随着其损失规避程度的增加而减小，那就是说，供应商的损失规避程度越高，其最优生产投入量越小。表明，损失规避供应商的最优生产投入量不大于风险中性供应商的最优生产投入量，在实践中，这是合理的，那是因为损失规避的供应商宁愿牺牲部分收益来获取稳定的利润，也不愿承担生产过剩风险来追求更大的利润。同样地，运用隐函数定理易得 $\partial Q^{wp*}/\partial c < 0$、$\partial Q^{wp*}/\partial w > 0$ 和 $\partial Q^{wp*}/\partial \upsilon > 0$，表明，供应商的最优生产投入量随着产品制造成本的增加而减小，但随着批发价格和产品残值的增加而增加。

那么，期末时刻供应商的期望利润为

$$E\pi_s^{wp*} = \int_{l_s}^{u_s}\int_{l_d}^{yQ^{wp*}}((\upsilon-c)yQ^{wp*} + (w-\upsilon)x)\mathrm{d}F(x)\mathrm{d}H(y) + \int_{l_s}^{u_s}\int_{yQ^{wp*}}^{u_d}(w-c)yQ^{wp*}\mathrm{d}F(x)\mathrm{d}H(y)$$ （6-6）

则零售商的期望利润为

$$E\pi_r^{wp*} = \int_{l_s}^{u_s}\int_{l_d}^{yQ^{wp*}} (p-w)x\mathrm{d}F(x)\mathrm{d}H(y) + \int_{l_s}^{u_s}\int_{yQ^{wp*}}^{u_d} (p-w)yQ^{wp*}\mathrm{d}F(x)\mathrm{d}H(y) \quad (6\text{-}7)$$

6.3.2 集中化供应链决策

在集中决策下,供应商和零售商集中为一个虚拟的决策主体,期末时刻该决策主体的期望利润为

$$\begin{aligned}E\pi_{sc}^I =& \int_{l_s}^{u_s}\int_{l_d}^{yQ^I} ((p-c)x-(c-v)(yQ^I-x))\mathrm{d}F(x)\mathrm{d}H(y) + \\ & \int_{l_s}^{u_s}\int_{yQ^I}^{u_d} (p-c)yQ^I\mathrm{d}F(x)\mathrm{d}H(y)\end{aligned} \quad (6\text{-}8)$$

对 $E\pi_{sc}^I$ 关于 Q^I 求导可得

$$\frac{\partial E\pi_{sc}^I}{\partial Q^I} = \int_{l_s}^{u_s} (p-c-(p-v)F(yQ^I))y\mathrm{d}H(y) \quad (6\text{-}9)$$

$$\frac{\partial^2 E\pi_{sc}^I}{\partial (Q^I)^2} = -\int_{l_s}^{u_s} y^2(p-v)f(yQ^I)\mathrm{d}H(y) < 0 \quad (6\text{-}10)$$

表明,$E\pi_{sc}^I$ 是关于 Q^I 的凹函数。因此,存在唯一的最优生产投入量使得供应链整体实现期望利润最大化。通过一阶最优条件,供应链整体的最优生产投入量 Q^{I*} 满足

$$\int_{l_s}^{u_s} F(yQ^{I*})y\mathrm{d}H(y) = \mu\frac{p-c}{p-v} \quad (6\text{-}11)$$

同样地,通过等式(6-11),运用隐函数定理易知:产品零售价格和产品残值越高,供应链整体的最优生产投入量就越大;产品生产成本越高,供应链整体的最优生产投入量就越小。

进一步,由于 $\int_{l_s}^{u_s} F(yQ)y\mathrm{d}H(y)$ 是关于 Q 的增函数且 $\frac{w-c}{w-c+\lambda(c-v)} < \frac{p-c}{p-v}$,易知分散决策下供应链的最优生产投入量小于集中决策下供应链的最优生产投入量(即 $Q^{wp*} < Q^{I*}$),相应地,分散决策下供应链整体的最优期望利润小于集中决策下供应链整体的最优期望利润(即 $E\pi_s^{wp*} + E\pi_r^{wp*} < E\pi_{sc}^{I*}$)。

6.3.3 供应链协调策略

为了诱使供应商生产更多的产品从而实现供应链协调，借鉴文献[66]，从零售商的角度引入期权契约来加强零售商和供应商之间的合作。零售商可通过支付期权费用来分担供应商的库存风险，从而间接调整供应商的生产投入量。在期权契约下，事件的发生顺序如下：在销售季节开始前，零售商通过协商向供应商提供期权契约(o,e)，随后供应商根据对投入产出比例和市场需求的预测制定生产投入量Q^{oc}，待生产结束后，零售商根据供应商的实际生产量向供应商支付期权费用oyQ^{oc}；销售季节开始后，市场需求实现，零售商根据真实的市场需求向供应商以期权执行价格e采购产品并以零售价格p进行销售，最大采购量为供应商的实际生产量yQ^{oc}；销售季节结束后，对于未销售完的产品，供应商承担生产过剩损失并进行残值处理。为了避免不合理情况的发生，假设$c-\upsilon>o\geqslant 0$、$e>\upsilon>0$和$p>o+e>c>\upsilon$。通过上述说明，在期权契约下，损失规避供应商的效用为

$$U_s^{oc} = \begin{cases} (o+e-c)yQ^{oc} & , x \geqslant yQ^{oc} \\ (o+e-c)x - \lambda(c-o-\upsilon)(yQ^{oc}-x) & , x < yQ^{oc} \end{cases} \quad (6\text{-}12)$$

则供应商的期望效用为

$$EU_s^{oc} = \int_{l_s}^{u_s}\int_{l_d}^{yQ^{oc}}((o+e-c)x - \lambda(c-o-\upsilon)(yQ^{oc}-x))\mathrm{d}F(x)\mathrm{d}H(y) + \\ \int_{l_s}^{u_s}\int_{yQ^{oc}}^{u_d}(o+e-c)yQ^{oc}\mathrm{d}F(x)\mathrm{d}H(y) \quad (6\text{-}13)$$

对EU_s^{oc}关于Q^{oc}求导可得

$$\frac{\partial EU_s^{oc}}{\partial Q^{oc}} = \int_{l_s}^{u_s}(o+e-c-(o+e-c+\lambda(c-o-\upsilon))F(yQ^{oc}))y\mathrm{d}H(y) \quad (6\text{-}14)$$

$$\frac{\partial^2 EU_s^{oc}}{\partial (Q^{oc})^2} = -\int_{l_s}^{u_s}y^2(o+e-c+\lambda(c-o-\upsilon))f(yQ^{oc}))\mathrm{d}H(y) < 0 \quad (6\text{-}15)$$

表明，EU_s^{oc}是关于Q^{oc}的凹函数。因此，存在唯一的最优生产投入量使得供应商实现期望效用最大化。通过一阶最优条件，供应商的最优生产投入量Q^{oc*}

满足

$$\int_{l_s}^{u_s} F(yQ^{oc*})y\mathrm{d}H(y) = \mu \frac{o+e-c}{o+e-c+\lambda(c-o-\upsilon)} \qquad (6\text{-}16)$$

通过等式（6-16），运用隐函数定理易得 $\partial Q^{oc*}/\partial \lambda < 0$、$\partial Q^{oc*}/\partial c < 0$、$\partial Q^{oc*}/\partial o > 0$ 和 $\partial Q^{oc*}/\partial e > 0$。表明，供应商的损失规避程度和生产成本越高，供应商的最优生产投入量就越小；期权价格和期权执行价格越高，供应商的最优生产投入量就越大。

根据文献[4]，要使供应链实现协调，需有 $Q^{oc*} = Q^{I*}$，则可得如下命题。

命题 6-1 在期权契约 (o,e) 下，要使供应链实现协调，需要期权契约参数满足集合 M：

$$M = \left\{(e,o): e = \frac{(c-o-\upsilon)(c-c\lambda+\lambda p)+o\upsilon}{c-\upsilon}, o \in [0, c-\upsilon) \right\}$$

证明 由 $Q^{oc*} = Q^{I*}$ 可知 $(o+e-c)/(o+e-c+\lambda(c-o-\upsilon)) = (p-c)/(p-\upsilon)$，整理可得

$$e = \frac{(c-o-\upsilon)(c-c\lambda+\lambda p)+o\upsilon}{c-\upsilon} \qquad (6\text{-}17)$$

故命题 6-1 得证。

当供需均不确定且供应商具有损失规避行为时，命题 6-1 表明，期权契约能够有效实现供应链协调。那就是说，期权契约能够有效管理供需不确定性和损失规避行为带来的影响。命题 6-1 也表明，期权契约参数不受供需随机分布的影响，其仅受产品生产成本、产品残值、产品零售价格以及供应商损失规避系数的影响。揭示了当进行期权契约设计时，供应商的损失规避系数是必须考量的因素。进一步，当供应链实现协调时，还可得到如下推论。

推论 6-1 当期权契约参数满足集合 M 时，期权执行价格关于期权价格严格递减，但关于供应商的损失规避系数严格递增。

证明 通过等式（6-17）易得

$$\frac{\partial e}{\partial o} = -\frac{c-c\lambda+\lambda p-\upsilon}{c-\upsilon} < 0 \qquad (6\text{-}18)$$

$$\frac{\partial e}{\partial \lambda} = \frac{(c-o-\upsilon)(p-c)}{c-\upsilon} > 0 \qquad (6\text{-}19)$$

故推论 6-1 得证。

推论 6-1 揭示，当期权契约参数满足集合 M 时，期权执行价格与期权价格呈负相关关系，即期权价格越高，期权执行价格就越低。另外，期权执行价格与供应商的损失规避系数呈正相关关系，表明，当供应商的损失规避程度越高时，零售商将被迫增加期权执行价格来刺激供应商生产从而实现供应链协调。

6.3.4 供应链系统利润分配

接下来，我们将讨论供应链协调下的利润分配问题。从命题 6-1 可知，供应链协调下期权执行价格是关于期权价格的函数，那么，若给定其他外生变量，供应链协调下供应链各方的期望利润仅依赖于期权价格，则可得如下推论。

推论 6-2 在期权契约 (o,e) 的协调下，供应商的期望利润随着期权价格的增加而减小，而零售商的期望利润随着期权价格的增加而增加。

证明 在期权契约 (o,e) 下，供应商的最优期望利润为

$$E\pi_s^{oc*} = \int_{l_s}^{u_s}\int_{l_d}^{yQ^{oc*}}((o+e-c)x-(c-o-\upsilon)(yQ^{oc*}-x))\mathrm{d}F(x)\mathrm{d}H(y) + \int_{l_s}^{u_s}\int_{yQ^{oc*}}^{u_d}(o+e-c)yQ^{oc*}\mathrm{d}F(x)\mathrm{d}H(y) \qquad (6\text{-}20)$$

当供应链实现协调时，有 $Q^{oc*} = Q^{I*}$，进而有 $e = \dfrac{(c-o-\upsilon)(c-c\lambda+\lambda p)+o\upsilon}{c-\upsilon}$，

那么，$o+e-c = \dfrac{\lambda(c-o-\upsilon)(p-c)}{c-\upsilon}$。因此，供应链协调下供应商的最优期望利润为

$$E\pi_s^{oc*} = \frac{\lambda(c-o-\upsilon)}{c-\upsilon}\int_{l_s}^{u_s}\int_{l_d}^{yQ^{I*}}((p-c)x-\frac{c-\upsilon}{\lambda}(yQ^{I*}-x))\mathrm{d}F(x)\mathrm{d}H(y) + \frac{\lambda(c-o-\upsilon)}{c-\upsilon}\int_{l_s}^{u_s}\int_{yQ^{I*}}^{u_d}(p-c)yQ^{I*}\mathrm{d}F(x)\mathrm{d}H(y) \qquad (6\text{-}21)$$

对 $E\pi_s^{oc*}$ 关于 o 求导可得

$$\frac{\partial E\pi_s^{oc*}}{\partial o} = -\frac{\lambda}{c-\upsilon}\int_{l_s}^{u_s}\int_{l_d}^{yQ^{I*}}((p-c)x-\frac{c-\upsilon}{\lambda}(yQ^{I*}-x))\mathrm{d}F(x)\mathrm{d}H(y) - \frac{\lambda}{c-\upsilon}\int_{l_s}^{u_s}\int_{yQ^{I*}}^{u_d}(p-c)yQ^{I*}\mathrm{d}F(x)\mathrm{d}H(y) \qquad (6\text{-}22)$$

显然，$\partial E\pi_s^{oc*}/\partial o < -\lambda E\pi_{sc}^{I*}/(c-\upsilon) < 0$，即 $E\pi_s^{oc*}$ 是关于 o 的减函数。由于供应链协调下供应商和零售商的期望利润之和等于集中决策下供应链的最优期望利润且为常数，那么，零售商的期望利润随着期权价格的增加而增加。证毕。

推论 6-2 揭示了供应链协调下期权价格对供应链各方期望利润的影响，在实践中，供应链各方可通过协商期权价格实现供应链系统利润的自由分配，且期权价格越高，供应商的期望利润越小，而零售商正好相反。那么，与无期权契约时的分散化供应链决策相比，仅需要制定一个合理的期权价格就能确保供应商和零售商的期望利润都增加。表明，总存在一些期权契约能够使供应链同时实现协调和 Pareto 改进，即期权契约在实践中能有效实施。

推论 6-3 在期权契约 (o,e) 的协调下，若给定期权价格，供应商的期望利润随着其损失规避程度的增加而增加，而零售商的期望利润随着供应商损失规避程度的增加而减少。

证明 对等式（6-21）关于 λ 求导可得

$$\frac{\partial E\pi_s^{oc*}}{\partial \lambda} = \frac{c-o-\upsilon}{c-\upsilon}\left(\int_{l_s}^{u_s}\int_{l_d}^{yQ^{I*}}(p-c)x\mathrm{d}F(x)\mathrm{d}H(y)+ \int_{l_s}^{u_s}\int_{yQ^{I*}}^{u_d}(p-c)yQ^{I*}\mathrm{d}F(x)\mathrm{d}H(y)\right) \tag{6-23}$$

显然，$\partial E\pi_s^{oc*}/\partial \lambda > (c-o-\upsilon)E\pi_{sc}^{I*}/(c-\upsilon) > 0$，即 $E\pi_s^{oc*}$ 是关于 λ 的增函数。由于供应链协调下供应商和零售商的期望利润之和为常数，因此，零售商的期望利润随着期权价格的增加而减少。证毕。

从推论 6-3 可知，当期权价格给定时，供应商的损失规避程度越低，其期望利润越高，而零售商正好相反。表明，在一定条件下，供应商能从其损失规避行为中获益。

6.4 拓展分析

为了进一步丰富研究内容，本小节将验证期权契约在单边不确定中的有效性，即当供应链仅面临供应随机或需求随机时，期权契约能否实现供应链协调，协调条件有何变化？

6.4.1 供应随机

令 d 表示零售商从销售市场获知的确定性需求。那么,在集中决策下,供应链整体的期望利润为

$$E\pi_{sca}^I = \int_{l_s}^{d/Q_a^I} (p-c)yQ_a^I \mathrm{d}H(y) + \int_{d/Q_a^I}^{u_s} \left((p-c)d - (c-\upsilon)(yQ_a^I - d)\right)\mathrm{d}H(y) \quad (6\text{-}24)$$

通过等式(6-24),易证得 $E\pi_{sca}^I$ 是关于 Q_a^I 的凹函数。通过一阶最优条件,供应链整体的最优生产投入量 Q_a^{I*} 满足 $\int_{l_s}^{d/Q_a^{I*}} y\mathrm{d}H(y) = \dfrac{(c-\upsilon)\mu}{p-\upsilon}$。

当供应链引入期权后,供应商的效用为

$$U_{sa}^{oc} = \begin{cases} (o+e-c)yQ_a^{oc} & , y \leqslant d/Q_a^{oc} \\ (o+e-c)d - \lambda(c-o-\upsilon)(yQ_a^{oc}-d) & , y > d/Q_a^{oc} \end{cases} \quad (6\text{-}25)$$

则供应商的期望效用为

$$\begin{aligned} EU_{sa}^{oc} = &\left(o+e-c+\lambda(c-o-\upsilon)\right)d - \lambda(c-o-\upsilon)\mu Q_a^{oc} - \\ &\left(o+e-c+\lambda(c-o-\upsilon)\right)\int_{l_s}^{d/Q_a^{oc}}(d-yQ_a^{oc})\mathrm{d}H(y) \end{aligned} \quad (6\text{-}26)$$

对等式(6-26)关于 Q_a^{oc} 求导可得

$$\frac{\partial EU_{sa}^{oc}}{\partial Q_a^{oc}} = -\lambda(c-o-\upsilon)\mu + \left(o+e-c+\lambda(c-o-\upsilon)\right)\int_{l_s}^{d/Q_a^{oc}} y\mathrm{d}H(y) \quad (6\text{-}27)$$

$$\frac{\partial^2 EU_{sa}^{oc}}{\partial (Q_a^{oc})^2} = -\frac{d^2}{(Q_a^{oc})^3}\left(o+e-c+\lambda(c-o-\upsilon)\right)h\left(\frac{d}{Q_a^{oc}}\right) < 0 \quad (6\text{-}28)$$

因此,EU_{sa}^{oc} 是关于 Q_a^{oc} 的凹函数。通过一阶最优条件,供应商的最优生产投入量 Q_a^{oc*} 满足

$$\int_{l_s}^{d/Q_a^{oc*}} y\mathrm{d}H(y) = \frac{\lambda(c-o-\upsilon)\mu}{o+e-c+\lambda(c-o-\upsilon)} \quad (6\text{-}29)$$

因此,要使供应链实现协调,需要有 $Q_a^{oc*} = Q_a^{I*}$,进而有 $\dfrac{\lambda(c-o-\upsilon)}{o+e-c+\lambda(c-o-\upsilon)} =$

$\frac{c-\upsilon}{p-\upsilon}$,整理可得 $e=\frac{(c-o-\upsilon)(c-c\lambda+p\lambda)+o\upsilon}{c-\upsilon}$。表明,当供应链仅面临供应不确定时,若期权契约参数满足集合 M,期权契约仍能协调供应链。

期权契约下,供应商的最优期望利润函数可表示为

$$E\pi_{sa}^{oc*} = (e-\upsilon)d - (c-o-\upsilon)\mu Q_a^{oc*} - (e-\upsilon)\int_{l_s}^{d/Q_a^{oc*}} (d-yQ_a^{oc*})\mathrm{d}H(y) \quad (6\text{-}30)$$

将 $e=\frac{(c-o-\upsilon)(c-c\lambda+p\lambda)+o\upsilon}{c-\upsilon}$ 代入等式(6-30),供应链协调下供应商的最优期望利润函数为

$$E\pi_{sa}^{oc*} = \frac{(p\lambda-c\lambda+c-\upsilon)(c-o-\upsilon)}{c-\upsilon}\left(d-\int_{l_s}^{d/Q_a^{I*}}(d-yQ_a^{I*})\mathrm{d}H(y)\right) - \\ (c-o-\upsilon)Q_a^{I*}\mu \qquad (6\text{-}31)$$

对等式(6-31)关于 o 和 λ 分别求导

$$\begin{aligned}\frac{\partial E\pi_{sa}^{oc*}}{\partial o} = &\frac{p\lambda-c\lambda+c-\upsilon}{(c-\upsilon)(p-\upsilon)}\left(\frac{(c-\upsilon)(p-\upsilon)}{p\lambda-c\lambda+c-\upsilon}Q_a^{I*}\mu+(p-\upsilon)\right.\\&\left.\int_{l_s}^{d/Q_a^{I*}}(d-yQ_a^{I*})\mathrm{d}H(y)\right)-\frac{p\lambda-c\lambda+c-\upsilon}{(c-\upsilon)(p-\upsilon)}(p-\upsilon)d<0\end{aligned} \quad (6\text{-}32)$$

$$\frac{\partial E\pi_{sa}^{oc*}}{\partial \lambda} = \frac{(p-c)(c-o-\upsilon)}{(c-\upsilon)(p-\upsilon)}\left((p-\upsilon)d-(p-\upsilon)\int_{l_s}^{d/Q_a^{I*}}(d-yQ_a^{I*})\mathrm{d}H(y)\right)>0 \quad (6\text{-}33)$$

因此,在期权契约的协调下,供应商的期望利润仍关于期权价格单调递减、关于其损失规避系数单调递增。表明,在供应链仅面临供应不确定的情景下,仍能获得推论 6-2 和推论 6-3 的相关结论。

6.4.2 需求随机

当供应链仅面临需求不确定时,产品供应是完美的,即 $Y=100\%$。那么,在集中决策下,供应链整体的期望利润为

$$E\pi_{scb}^{I} = (p-c)Q_b^{I} - (p-\upsilon)\int_{l_d}^{Q_b^{I}}F(x)\mathrm{d}x \qquad (6\text{-}34)$$

通过等式(6-34),易证得 $E\pi_{scb}^{I}$ 是关于 Q_b^{I} 的凹函数。通过一阶最优条件,供应链整体的最优生产投入量 Q_b^{I*} 满足 $F(Q_b^{I*})=(p-c)/(p-\upsilon)$。

当供应链引入期权后，供应商的效用为

$$U_{sb}^{oc} = \begin{cases} (o+e-c)Q_b^{oc}, & x \geqslant Q_b^{oc} \\ (o+e-c)x - \lambda(c-o-v)(Q_b^{oc}-x), & x < Q_b^{oc} \end{cases} \quad (6\text{-}35)$$

则供应商的期望效用为

$$EU_{sb}^{oc} = \int_{l_d}^{Q_b^{oc}} ((o+e-c)x - \lambda(c-o-v)(Q_b^{oc}-x))\mathrm{d}F(x) + \int_{Q_b^{oc}}^{u_d} (o+e-c)Q_b^{oc}\mathrm{d}F(x) \quad (6\text{-}36)$$

通过等式（6-36）易证得 EU_{sb}^{oc} 是关于 Q_b^{oc} 的凹函数。通过一阶最优条件，供应商的最优生产投入量 Q_b^{oc*} 满足

$$F(Q_b^{oc*}) = \frac{o+e-c}{o+e-c+\lambda(c-o-v)} \quad (6\text{-}37)$$

同理，要使供应链实现协调，需要有 $Q_b^{oc*} = Q_b^{l*}$，进而有 $\frac{o+e-c}{o+e-c+\lambda(c-o-v)} = \frac{p-c}{p-v}$，整理可得 $e = \frac{(c-o-v)(c-c\lambda+p\lambda)+ov}{c-v}$。表明，当供应链仅面临需求不确定时，若期权契约参数满足集合 M，期权契约也能协调供应链。

那么，供应链协调下供应商的最优期望利润函数为

$$E\pi_{sb}^{oc*} = \frac{\lambda(c-o-v)(p-c)}{c-v}Q_b^{l*} - \frac{(p\lambda-c\lambda+c-v)(c-o-v)}{(c-v)}\int_{l_d}^{Q_b^{l*}} F(x)\mathrm{d}x \quad (6\text{-}38)$$

对等式（6-38）关于 o 和 λ 分别求导

$$\frac{\partial E\pi_{sb}^{oc*}}{\partial o} = -\frac{\lambda}{c-v}\left((p-c)Q_b^{l*} - \frac{p\lambda-c\lambda+c-v}{\lambda}\int_{l_d}^{Q_b^{l*}} F(x)\mathrm{d}x\right) < 0 \quad (6\text{-}39)$$

$$\frac{\partial E\pi_{sb}^{oc*}}{\partial \lambda} = \frac{c-o-v}{c-v}\left((p-c)Q_b^{l*} - (p-c)\int_{l_d}^{Q_b^{l*}} F(x)\mathrm{d}x\right) > 0 \quad (6\text{-}40)$$

因此，在供应链面临需求随机的情景下，当供应链实现协调，供应商的期望利润关于期权价格单调递减、关于其损失规避系数单调递增，推论 6-2 和推论 6-3 的相关结论也能获得。

综上所述，当供应链仅面临供应随机或需求随机时，期权契约仍能同时实现供应链协调和 Pareto 改进，且供应链协调条件没有发生变化。

6.5 数值分析

本节首先通过数值算例来验证供需不确定性和供应商损失规避因子对供应链效率的影响。然后直观地展示期权契约下期权价格对供应链各方期望利润的影响，以及供应商风险规避程度对供应链契约设计和供应链整体利润分配的影响。在本章的研究中，借鉴文献[50]，供需的随机性采用变异系数（CV）来刻画，CV 值越大，供需的不确定性越高。同时，借鉴文献[206]，供应链效率表示为 $E_f = (E\pi_s^{wp*} + E\pi_r^{wp*})/E\pi_{sc}^{I*}$，其中，$E\pi_s^{wp*} + E\pi_r^{wp*}$ 表示无期权契约时分散决策下供应链各方的联合最优期望利润，$E\pi_{sc}^{I*}$ 表示集中决策下供应链的全局最优期望利润。为了方便分析，假定产出随机变量 y 在 $[0.7-b, 0.7+b]$ 上服从均匀分布，假定需求随机变量 x 在 $[1000-a, 1000+a]$ 上服从均匀分布，那么，a 和 b 的值越大，供需的随机性就越高。在满足模型假设的条件下，其他相应的参数分别设置为 $p=30$，$c=10$，$w=18$，$\upsilon=5$。

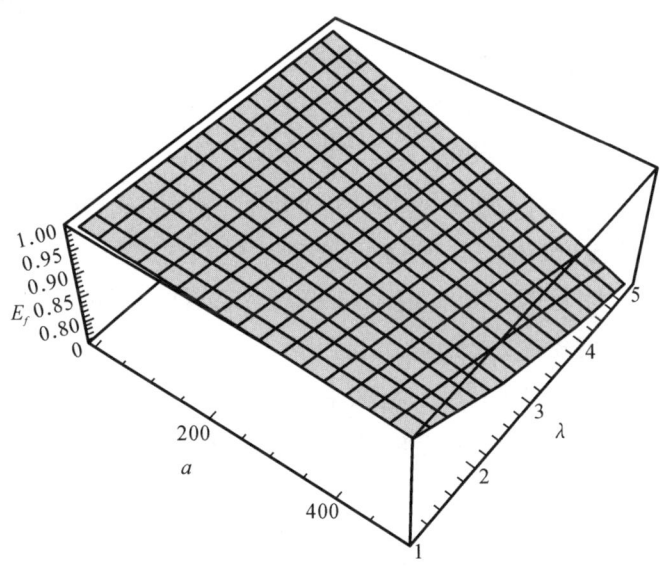

图 6-1　a 和 λ 对供应链效率的影响

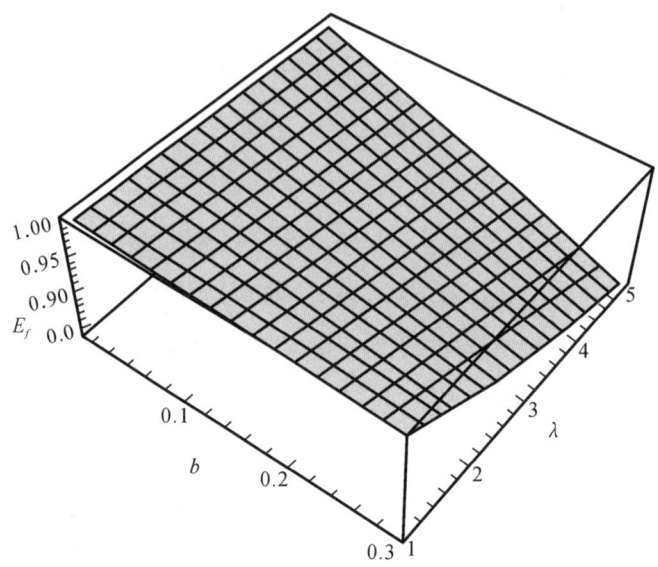

图 6-2　b 和 λ 对供应链效率的影响

从图 6-1 和图 6-2 可以看出，供应链效率随着 a、b 和 λ 的增加都减小，那就是说，供需不确定性越高，供应链效率越低，同时，供应商的损失规避程度越高，供应链效率也越低。表明，当供需不确定性增加或供应商的损失规避程度变高时，更需要引入期权契约来实现供应链协调并提高利润。在无期权契约的分散化供应链中，图 6-3 和图 6-4 展示了 a 和 b 对供应商和零售商期望利润的影响。表明，当供需不确定性增加时，供应商和零售商均会遭受损失。同样地，集中决策下供应链整体的期望利润也会随着供需不确定性的增加而降低。

图 6-5 和图 6-6 描述了当供应链实现协调时不同损失规避程度下期权价格对供应链各方期望利润的影响。供应商的期望利润随着期权价格的增加而减小，零售商的期望利润随着期权价格的增加而增加。若 $\lambda = 2$，当 $o = o_{max} = 4.17$ 时，零售商将获取所有的额外利润，而供应商的期望利润等于批发价格契约下的期望利润；当 $o = o_{min} = 3.96$ 时，零售商的期望利润保持不变，供应商将获得所有的额外利润。因此，当期权价格满足 $3.96 \leqslant o \leqslant 4.17$ 时，与批发价格契约相比，供应链实现了 Pareto 改进，此时供应商和零售商均愿意接受组合契约。

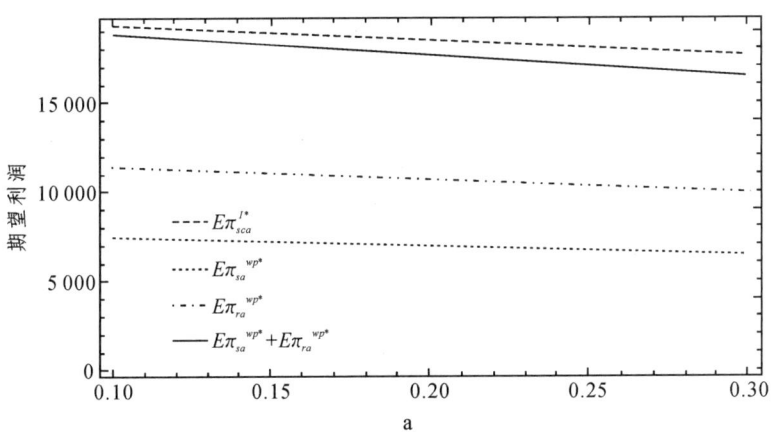

图 6-3 a 对供应链各方期望利润的影响

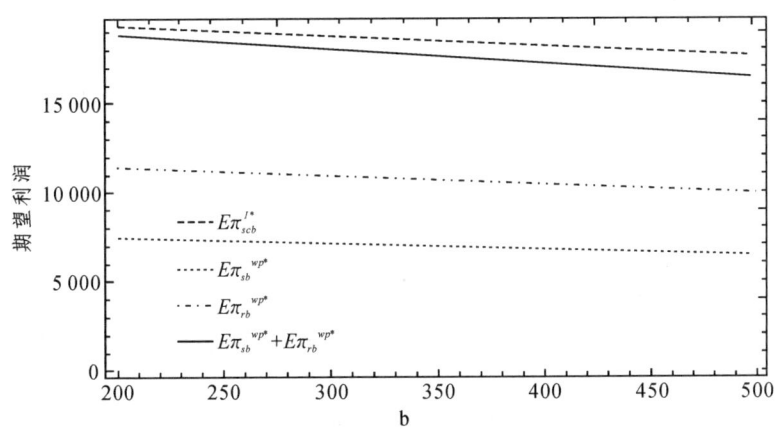

图 6-4 b 对供应链各方期望利润的影响

此外,由图 6-5 和图 6-6 还可看出,供应商的损失规避程度不仅影响供应链协调条件而且还制约着供应链整体利润的分配,若给定供应商和零售商期望利润的分配比例,供应商的损失规避程度越高,零售商需要制定的期权价格越高。当供应商的损失规程程度增加,期权价格可行域上下边界均增大。若保持期权价格恒定,当供应商的损失规避系数增大时,供应商的期望利润减小而零售商的期望利润增大,表明在一定条件下供应商能够从其自身的损失规避行为中获益。

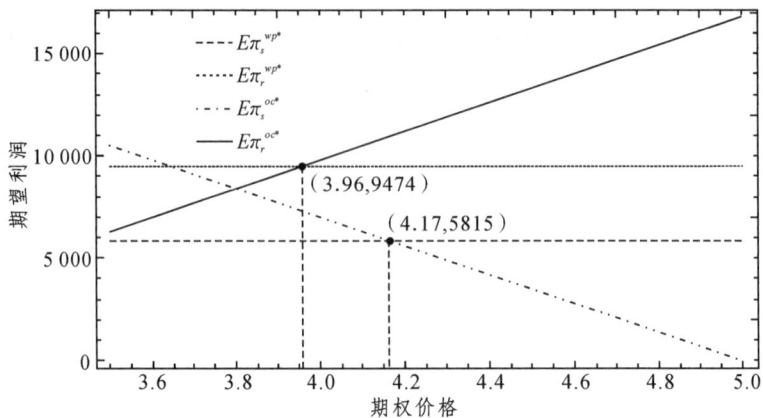

图 6-5 $\lambda = 2$ 时供应链协调下期权价格对供应链双方期望利润的影响

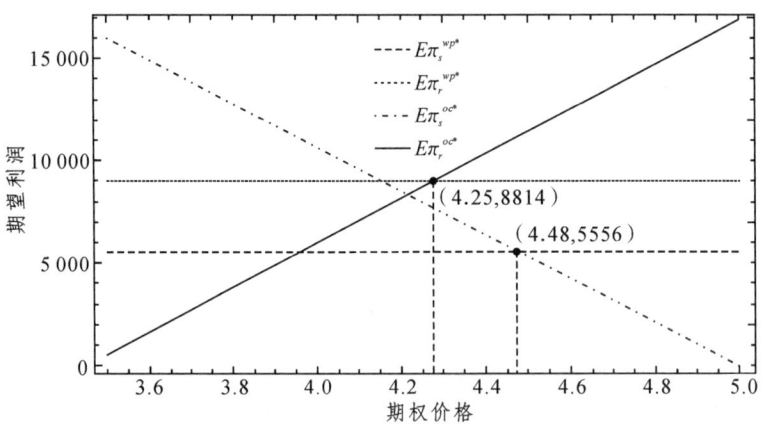

图 6-6 $\lambda = 3$ 时供应链协调下期权价格对供应链双方期望利润的影响

6.6 小　结

在农业、电力、制药等多行业，供应链上下游企业不仅面临着需求的随机性还遭受着供应的不确定性风险，从而加剧了供需不匹配风险。实践中，企业为了规避不确定性风险引起的库存过剩损失，往往表现出损失规避的特征。同时，分散决策下双重边际效应的存在使得供应链效率低下且无法实现全局最优。鉴于此，本章针对由一个损失规避的供应商和一个风险中性的零售商组成的二级 VMI 供应链。其中，零售商在供应链中占主导地位，是供应链契约的制定者。本章将效用函数分别应用于供应商的销售收益和生产过剩损失两个分离的账户来刻画供应商的损失规避特征，首先分析了供需不确定性和供应商的损失规避行为对最优生产投入量和供应链效率的影响。然后从零售商的角度引入期权契约来探讨供应链协调策略，讨论期权价格和损失规避程度对期权契约参数和供应链利润分配的影响。

研究表明：

（1）在供需随机和供应商的损失规避行为共同存在的复杂背景下，期权能够使得供应链实现协调并完成 Pareto 改进，且供应链协调下的期权价格和执行价格呈负相关关系。同时，在单边不确定的情况下，期权契约仍能实现供应链协调。

（2）供应链协调下零售商的期望利润随着期权价格的增加而增加，供应商的期望利润随着期权价格的增加而减少，其揭示供应链协调下的系统利润仍可通过期权价格实行自由分配。

（3）若已给定期权价格，供应商的期望利润随着其损失规避程度的增加而增加，而零售商的期望利润随着供应商损失规避程度的增加而减少，表明在一定条件下供应商能够从其自身的损失规避行为中获益。

第 7 章
结论与展望

7.1 结 论

进入 21 世纪以来,市场需求个性化和快速多变的趋势越来越明显,市场供求关系由卖方市场逐渐转变为买方市场,呈现出"供大于求"的局面,消费者在交易过程中具有了更多的话语权。与此同时,随着零售业的快速发展和现代信息技术的突飞猛进,处于流通终端、直接面向顾客的零售企业出现了飞跃性的变革,这种变革不仅体现在销量和规模方面的快速提高,还体现在其借助完善的信息网络和先进的信息技术手段可以掌握即时且丰富的市场信息,能够系统全面地了解市场的需求和未来的发展方向,并引导制造商的生产和相关供应商的经营活动。于是在当今的许多行业中,传统的供应商或生产商主导地位已经逐渐被零售商所取代,形成了以零售商为核心的垂直或多向的供应链合作关系。从运作层面来看,21 世纪的市场竞争已不是企业与企业之间的竞争,而是供应链与供应链之间的竞争,加强与供应商之间的合作、实现供应链协调是零售企业解决分散化供应链决策中的双重边际效应、进一步提高供应链整体绩效和竞争力的重要手段,也是零售商主导型供应链管理的重要内容。此外,当前市场环境日趋复杂,产品更新不断加速、产品生命周期不断缩短,市场竞争模式和竞争因素层出不穷,企业不仅要面临较大的需求随机性还要面临较强的不稳定供应风险,而不同企业面对不确定性风险也呈现出不同的决策偏好行为。正是在这种背景下,本书立足当前的市场环境,以零售商主导型供应链为研究对象,运用博弈论、行为科学、最优化理论和方法,借鉴大型零售企业的实践经验,采用期权契约机制来探讨五种市场环境下的供应链运营管理策略(包括生产策略、营销策略、质量投资策略和供应链协调策略),主要探讨如何设计供

第 7 章 结论与展望

应链协调契约、如何分配供应链利润以及一些关键因子对供应链契约设计的影响，为零售商主导型供应链管理提供一些新的视角和决策参考，同时，进一步丰富供应链管理尤其是零售商主导型供应链管理领域的研究。具体地讲，本书的主要工作总结如下：

（1）考虑风险规避与营销努力的零售商主导型供应链期权协调研究。

针对由一个风险规避的供应商和一个风险中性的零售商组成的二级供应链。其中，供应链双方的所有信息是完全共享的，零售商在供应链中占主导地位且可以实施营销努力来扩大市场需求。首先，考虑到零售商的渠道权利和企业的营销努力行为，从零售商的角度提出了由期权和成本分担构成的组合契约。在期权机制下，供应商承担库存风险但可提前获得一部分稳定收益，零售商不仅能够转移库存风险、实现柔性订购，还能刺激供应商生产更多产品来满足不确定的市场需求；引入成本分担可以促使零售商与供应商在营销努力方面加强合作、共同投资以达到集中决策下的最优策略。其次，采用 CVaR 风险度量准则刻画供应商的风险规避行为，构建以零售商为主导的 Stackelberg 博弈模型，推导出 Stackelberg 博弈的均衡解。最后，给出供应链协调策略以及供应商和零售商均能接受的组合契约参数，指出当且仅当供应商风险规避程度不太高时，供应链才能实现协调。讨论供应商的风险规避程度等关键因子对最优生产量、供应链契约设计以及供应链利润分配的影响，验证了由期权机制和成本分担构成的组合契约在供应链协调和 Pareto 改进方面的有效性。此外，当零售商不实施产品营销时，研究表明单纯的期权契约就能实现供应链协调和 Pareto 改进。

（2）考虑风险规避与质量和营销努力的零售商主导型供应链期权协调研究。

在考虑市场需求受产品质量水平和营销努力水平影响的基础上，针对由一个风险规避的供应商与一个风险中性的零售商组成的二级供应链，构建了以零售商为主导的 Stackelberg 博弈模型，仍采用由期权与成本分担组成的组合契约研究了供应链协调和利润分配问题。研究表明，不需要引入额外的契约参数，组合契约就能协调同时考虑风险规避与质量和营销努力的零售商主导型供应链，但供应商仍需要承担一定的风险才能使得供应链实现协调，即供应链能否实现协调需受到供应商风险规避程度高低的制约。研究还表明，供应商的最优生产量随着其风险规避程度的增加而减小，但最优的产品质量水平和营销努力水平与风险规避程度无关。零售商和供应商仍可通过协商期权价格或组合契约实现 Pareto 改进。

（3）考虑风险规避与质量竞争的零售商主导型供应链期权协调研究。

针对由两个风险规避的供应商和一个风险中性的零售商组成的二级供应链。其中，零售商在供应链中占主导地位，两个供应商为了扩大市场需求、获得更大的市场份额进行产品质量竞争。首先仍采用 CVaR 风险度量准则刻画供应商的风险规避行为，构建无协调契约时基于产品质量的供应商竞争模型并推导出 Nash 均衡解，分析产品质量改进成本以及质量竞争程度对均衡生产量和均衡质量水平的影响。随后，仍引入"期权+成本分担"组合契约，建立组合契约下基于产品质量竞争的供应链协调模型，探讨质量竞争对供应链整体绩效、供应链协调契约设计和供应链利润分配的影响。研究表明，由期权与成本分担组成的组合契约也能协调考虑风险规避与质量竞争的零售商主导型供应链并可通过调整契约参数实现供应链整体利润的自由分配。

（4）考虑损失规避与质量和营销努力的零售商主导型供应链期权协调研究。

在假定市场需求同时受产品质量水平和营销努力水平影响的基础上，考察由一个损失规避的供应商与一个风险中性的零售商组成的二级供应链。不同于现有大多数文献采用效用函数合并评价整体收益的建模方法，将效用函数分别应用于供应商的销售收益和生产过剩损失两个分离的账户来刻画供应商的损失规避特征，建立基于"期权+成本分担"组合契约的供应链运营决策和协调模型，给出供应链协调策略和 Pareto 改进条件，指出与考虑供应商风险规避行为时协调条件的区别，表明期权机制在供应链协调中的有效性不受供应商损失规避程度的影响。

（5）考虑损失规避与供需随机的零售商主导型供应链期权协调研究。

针对由一个损失规避的供应商和一个风险中性的零售商组成的二级供应链，其中，企业不仅要面临较大的需求随机性还要面临较强的不稳定供应风险。仍将效用函数分别应用于供应商的销售收益和生产过剩损失两个分离的账户来刻画供应商的损失规避特征，构建供需均不确定条件下的零售商主导型供应链期权协调模型，探讨期权机制在供需不确定和损失规避环境下的有效性，分析供应商损失规避程度对期权契约参数和供应链利润分配的影响。此外，还讨论了供需不确定性和供应商的损失规避行为对最优生产投入量和供应链效率的影响。研究表明，在供需均不确定和单边不确定环境中，期权契约均能同时实现供应链协调和 Pareto 优化。

7.2 展望

值得注意的是，这项研究是建立在供应链各方的所有信息是完全共享的、供应链成员均无资金约束的假设条件下进行的，在实践中，市场环境更加复杂，信息不对称现象普遍存在，不同企业的资金实力也不尽相同。因而，这项研究还可进一步深入探讨，未来的主要研究方向如下：

（1）考虑信息不对称的零售商主导型供应链管理和协调研究。

通常地，零售商由于贴近市场对市场需求信息的掌握更加准确，而供应商对产品的供应情况更加了解，研究信息不对称条件下的零售商主导型供应链管理和协调问题将是进一步的研究方向。

（2）考虑资金约束的零售商主导型供应链协调研究。

在零售商主导的供应链中，大多数供应商为中小企业，且我国中小企业资金短缺现象普遍存在，而资金约束将进一步制约着企业的运营决策。因此，将资金约束问题引入到零售商主导型供应链管理和协调研究是一个值得深入探讨的话题。

（3）多渠道、多阶段的零售商主导型供应链协调策略研究。

本书仅考虑了由上游供应商和下游零售商组成的二级供应链，在竞争方面也仅考虑了二对一的模式。实践中，供应商不仅可以通过零售商销售产品还可实行线上直销，供应链也可拓展到由供应商、制造商、零售商以及消费者组成的多级供应链，且竞争因素和竞争模式复杂多变，那么，在更加复杂的环境下如何管理并协调供应链将是更加有趣的问题。

参考文献

[1] RASKOVICH A. Retail buyer power through steering[J]. Economics Letters, 2007, 96(2): 221-225.

[2] TANG S Y, KOUVELIS P. Pay-back-revenue-sharing contract in coordinating supply chains with random yield[J]. Production and Operations Management, 2014, 23(12): 2089-2102.

[3] HYYTIÄINEN K, NIEMI J K, KOIKKALAINEN K, et al. Adaptive optimization of crop production and nitrogen leaching abatement under yield uncertainty[J]. Agricultural systems, 2011, 104(8): 634-644.

[4] CACHON G P. Supply chain coordination with contracts[J]. Handbooks in operations research and management science, 2003, 11: 227-339.

[5] CACHON G P, LARIVIERE M A. Supply chain coordination with revenue-sharing contracts: strengths and limitations[J]. Management science, 2005, 51(1): 30-44.

[6] ARCELUS F J, KUMAR S, SRINIVASAN G. Evaluating manufacturer's buyback policies in a single-period two-echelon framework under price-dependent stochastic demand[J]. Omega, 2008, 36(5): 808-824.

[7] TSAY A A. The quantity flexibility contract and supplier-customer incentives[J]. Management science, 1999, 45(10): 1339-1358.

[8] LI J, LIU L. Supply chain coordination with quantity discount policy[J]. International Journal of Production Economics, 2006, 101(1): 89-98.

[9] WONG W K, QI J, LEUNG S Y S. Coordinating supply chains with sales rebate contracts and vendor-managed inventory[J]. International Journal of Production

Economics, 2009, 120(1): 151-161.

[10] BURNETAS A, RITCHKEN P. Option pricing with downward-sloping demand curves: The case of supply chain options[J]. Management Science, 2005, 51(4): 566-580.

[11] 宁钟, 林滨. 供应链风险管理中的期权机制[J]. 系统工程学报, 2007, 22(2): 141-147.

[12] WANG X, LIU L. Coordination in a retailer-led supply chain through option contract[J]. International Journal of Production Economics, 2007, 110(1): 115-127.

[13] INDERST R, WEY C. Buyer power and supplier incentives[J]. European Economic Review, 2007, 51(3): 647-667.

[14] CROOK T R, COMBS J G. Sources and consequences of bargaining power in supply chains[J]. Journal of Operations Management, 2007, 25(2): 546-555.

[15] SCHUMACHER U. Buyer structure and seller performance in US manufacturing industries[J]. Review of Economics and Statistics, 1991, 73(2): 277-284.

[16] FEE C E, THOMAS S. Sources of gains in horizontal mergers: evidence from customer, supplier, and rival firms[J]. Journal of Financial Economics, 2004, 74(3): 423-460.

[17] 周勤, 朱有为. 中国制造业和商业关系演化:总量分析[J]. 中国工业经济, 2005,(8): 50-55.

[18] 赵玻, 张莉. 双边议价框架内主导零售商买方势力及政府规制取向[J]. 商业经济与管理, 2009, 207(1): 29-35.

[19] BENTON W C, MALONI M. The influence of power driven buyer/seller relationships on supply chain satisfaction[J]. Journal of Operations Management, 2005, 23(1): 1-22.

[20] 于晓霖, 周朝玺. 渠道权力结构对供应链协同效应影响研究[J]. 管理科学, 2008, 21(6): 29-39.

[21] 韩敬稳. 有限理性视角下强势零售商使用买方势力行为研究[D]. 天津: 天

津大学, 2011.

[22] 王再平. 零售商买方势力:福利分析及公共政策[J]. 上海财经大学学报, 2007, 9(4): 56-62.

[23] BATTIGALLI P, FUMAGALLI C, POLO M. Buyer power and quality improvements[J]. Research in Economics, 2007, 61(2): 45-61.

[24] RAFF H, SCHMITT N. Buyer power in international markets[J]. Journal of International Economics, 2009, 79(2): 222-229.

[25] 赵玻. 零售商市场势力及其福利效应[J]. 财经理论与实践, 2005, 26(1): 94-98.

[26] RAJU J, ZHANG Z J. Channel coordination in the presence of a dominant retailer[J]. Marketing Science, 2005, 24(2): 254-262.

[27] LI L, ZHANG H. Confidentiality and information sharing in supply chain coordination[J]. Management science, 2008, 54(8): 1467-1481.

[28] HUA Z, LI S. Impacts of demand uncertainty on retailer's dominance and manufacturer-retailer supply chain cooperation[J]. Omega, 2008, 36(5): 697-714.

[29] HSIEH C C, WU C H. Coordinated decisions for substitutable products in a common retailer supply chain[J]. European Journal of Operational Research, 2009, 196(1): 273-288.

[30] CHEN K, XIAO T. Demand disruption and coordination of the supply chain with a dominant retailer[J]. European Journal of Operational Research, 2009, 197(1): 225-234.

[31] PAN K, LAI K K, LIANG L, et al. Two-period pricing and ordering policy for the dominant retailer in a two-echelon supply chain with demand uncertainty[J]. Omega, 2009, 37(4): 919-929.

[32] LAU A H L, LAU H S, WANG J C. Pricing and volume discounting for a dominant retailer with uncertain manufacturing cost information[J]. European Journal of Operational Research, 2007, 183(2): 848-870.

[33] 易余胤. 不同主导力量下的闭环供应链模型[J]. 系统管理学报, 2010, 19(4): 389-396.

[34] 陈菊红, 张雅琪, 史成东. Downside-risk 测度下零售商主导的供应链风险共享契约研究[J]. 中国管理科学, 2012, 20(1): 117-122.

[35] 蔡洪文. 零售商主导的供应链期权契约研究[D]. 成都: 西南交通大学, 2011.

[36] WANG J C, LAU A H L, LAU H S. Dollar vs. percentage markup pricing schemes under a dominant retailer[J]. European Journal of Operational Research, 2013, 227(3): 471-482.

[37] LIU X, LI J, WU J, et al. Coordination of supply chain with a dominant retailer under government price regulation by revenue sharing contracts[J]. Annals of Operations Research, 2017, 257(1-2): 587-612.

[38] ZHOU Y W, CAO Z H, ZHONG Y. Pricing and alliance selection for a dominant retailer with an upstream entry[J]. European Journal of Operational Research, 2015, 243(1): 211-223.

[39] 徐贤浩, 聂思玥. 零售商主导的短生命周期产品供应链订货策略[J]. 管理科学学报, 2009, 12(4): 83-93.

[40] 浦徐进, 朱秋鹰, 曹文彬. 供应商公平偏好对零售商主导型供应链均衡策略的影响[J]. 系统管理学报, 2014, 23(6): 876-882.

[41] 颜波, 刘艳萍, 李鸿媛. 成本信息不对称下零售商主导的混合渠道供应链决策分析[J]. 中国管理科学, 2015, 23(12): 124-134.

[42] 高举红, 韩红帅, 侯丽婷, 等. 考虑产品绿色度和销售努力的零售商主导型闭环供应链决策研究[J]. 管理评论, 2015, 27(4): 187-196.

[43] RITCHKEN P H, TAPIERO C S. Contingent claims contracting for purchasing decisions in inventory management[J]. Operations Research, 1986, 34(6): 864-870.

[44] WU D J, KLEINDORFER P R, ZHANG J E. Optimal bidding and contracting strategies for capital-intensive goods[J]. European Journal of Operational

Research, 2002, 137(3): 657-676.

[45] CACHON G P, LARIVIERE M A. Contracting to assure supply: How to share demand forecasts in a supply chain[J]. Management science, 2001, 47(5): 629-646.

[46] KAMRAD B, SIDDIQUE A. Supply contracts, profit sharing, switching, and reaction options[J]. Management Science, 2004, 50(1): 64-82.

[47] FENG Y, MU Y, HU B, et al. Commodity options purchasing and credit financing under capital constraint[J]. International Journal of Production Economics, 2014, 153: 230-237.

[48] CHEN X, SHEN Z J. An analysis of a supply chain with options contracts and service requirements[J]. IIE Transactions, 2012, 44(10): 805-819.

[49] FU Q, LEE C Y, TEO C P. Procurement management using option contracts: random spot price and the portfolio effect[J]. IIE transactions, 2010, 42(11): 793-811.

[50] WANG C, CHEN X. Optimal ordering policy for a price-setting newsvendor with option contracts under demand uncertainty[J]. International Journal of Production Research, 2015, 53(20): 6279-6293.

[51] XU H. Managing production and procurement through option contracts in supply chains with random yield[J]. International Journal of Production Economics, 2010, 126(2): 306-313.

[52] 宁钟, 戴俊俊. 期权在供应链风险管理中的应用[J]. 系统工程理论与实践, 2005, 25(7):49-54.

[53] 雷丽彩, 周晶. 风险规避下的航空货运期权定价 Stackelberg 博弈模型[J]. 系统工程理论与实践, 2010, 30(2): 264-271.

[54] 吴英晶, 李勇建, 张李浩. 基于期权契约的零售商融资最优策略研究[J]. 管理评论, 2014, 26(10): 197-208.

[55] 李绩才, 周永务, 钟远光, 等. 基于谱风险测度与期权契约的季节性商品订购策略分析[J]. 系统工程理论与实践, 2013, 33(10): 2486-2496.

[56] 慕银平, 冯毅, 唐小我. 随机需求下期权采购与预售联合决策研究[J]. 管理科学学报, 2011, 14(6): 47-56.

[57] 田军, 葛永玲, 侯丛丛. 政府主导的基于实物期权契约的应急物资采购模型[J]. 系统工程理论与实践, 2014, 34(10): 2582-2590.

[58] 尤晓岚, 冯耕中, 徐金鹏, 等. 基于期权和 B2B 电子交易的供应链均衡策略[J]. 管理科学学报, 2014, 17(6): 1-12.

[59] 夏雨, 方磊. B2B 市场中基于期权合同的零售商最优采购策略[J]. 管理学报, 2017, 14(2): 261-269.

[60] 唐振宇, 罗新星, 陈晓红. 突发事件扰动下基于双向期权和 B2B 电子市场的供应链决策研究[J]. 管理学报, 2018, 15(1): 127-134.

[61] BARNES-SHUSTER D, BASSOK Y, ANUPINDI R. Coordination and flexibility in supply contracts withoptions[J]. Manufacturing & Service Operations Management, 2002,4(3): 171-207.

[62] ZHAO Y, WANG S, CHENG T C E, et al. Coordination of supply chains by option contracts: A cooperative game theory approach[J]. European Journal of Operational Research, 2010, 207(2): 668-675.

[63] ZHAO Y, MA L, XIE G, et al. Coordination of supply chains with bidirectional option contracts[J]. European Journal of Operational Research, 2013, 229(2): 375-381.

[64] SARMAH S P, ACHARYA D, GOYAL S K. Coordination of a single-manufacturer/multi-buyer supply chain with credit option[J]. International Journal of Production Economics, 2008, 111(2): 676-685.

[65] LIU X, GOU Q, ALWAN L, et al. Option contracts: A solution for overloading problems in the delivery service supply chain[J]. Journal of the Operational Research Society, 2016, 67(2): 187-197.

[66] CAI J, HU X, HAN Y, et al. Supply chain coordination with an option contract under vendor-managed inventory[J]. International Transactions in Operational Research, 2016, 23(6): 1163-1183.

[67] CAI J, ZHONG M, SHANG J, et al. Coordinating VMI supply chain under yield uncertainty: Option contract, subsidy contract, and replenishment tactic[J]. International Journal of Production Economics, 2017, 185: 196-210.

[68] 郭琼, 杨德礼. 基于期权与现货市场的供应链契约式协调的研究[J]. 控制与决策, 2006, 21(11): 1229-1233.

[69] 马士华, 胡剑阳, 林勇. 一种基于期权的供应商能力预定模型[J]. 管理工程学报, 2004, 18(1): 8-11.

[70] 胡本勇, 彭其渊, 狄卫民. 基于期权的销售量担保模型[J]. 管理工程学报, 2008, 22(2): 112-116.

[71] 吴忠和, 陈宏, 赵千. 需求和生产成本同时扰动下供应链期权契约应对突发事件[J]. 中国管理科学, 2013, 21(4): 98-104.

[72] 尚文芳, 祁明, 陈琴. 需求预测信息更新条件下供应链的三阶段期权协调机制[J]. 系统工程理论与实践, 2013, 33(6): 1424-1433.

[73] 孙国华, 许垒. 随机供求下二级农产品供应链期权合同协调研究[J]. 管理工程学报, 2014, 28(2): 201-210.

[74] 胡本勇, 陈旭. 供需不确定情形下基于期权的血液供应链优化[J]. 系统工程理论与实践, 2016, 36(12): 3133-3141.

[75] DAI Y, ZHOU S X, XU Y. Competitive and collaborative quality and warranty management in supply chains[J]. Production and Operations management, 2012, 21(1): 129-144.

[76] GURNANI H, ERKOC M. Supply contracts in manufacturer-retailer interactions with manufacturer-quality and retailer effort-induced demand[J]. Naval Research Logistics, 2008, 55(3): 200-217.

[77] ZHU K, ZHANG R Q, TSUNG F. Pushing quality improvement along supply chains[J]. Management science, 2007, 53(3): 421-436.

[78] CHAO G H, IRAVANI S M R, SAVASKAN R C. Quality improvement incentives and product recall cost sharing contracts[J]. Management science, 2009, 55(7): 1122-1138.

[79] TAPIERO C S. Consumers risk and quality control in a collaborative supply chain[J]. European Journal of Operational Research, 2007, 182(2): 683-694.

[80] XIE G, YUE W, WANG S, et al. Quality investment and price decision in a risk-averse supply chain[J]. European Journal of Operational Research, 2011, 214(2): 403-410.

[81] MAITI T, GIRI B C. Two-way product recovery in a closed-loop supply chain with variable markup under price and quality dependent demand[J]. International Journal of Production Economics, 2017, 183: 259-272.

[82] MODAK N M, PANDA S, SANA S S. Three-echelon supply chain coordination considering duopolistic retailers with perfect quality products[J]. International Journal of Production Economics, 2016, 182: 564-578.

[83] EL OUARDIGHI F. Supply quality management with optimal wholesale price and revenue sharing contracts: A two-stage game approach[J]. International Journal of Production Economics, 2014, 156: 260-268.

[84] FENG X, MOON I, RYU K. Revenue-sharing contracts in an N-stage supply chain with reliability considerations[J]. International Journal of Production Economics, 2014, 147: 20-29.

[85] CHEN J, LIANG L, YAO D Q, et al. Price and quality decisions in dual-channel supply chains[J]. European Journal of Operational Research, 2017, 259(3): 935-948.

[86] XIAO T, XIA Y, ZHANG G P. Strategic outsourcing decisions for manufacturers competing on product quality[J]. IIE Transactions, 2014, 46(4): 313-329.

[87] 刘云志, 樊治平. 考虑损失规避与质量水平的供应链协调契约模型[J]. 系统工程学报, 2017, 32(1): 89-102.

[88] 胡军, 张镓, 芮明杰. 线性需求条件下考虑质量控制的供应链协调契约模型[J]. 系统工程理论与实践, 2013, 33(3): 601-609.

[89] 陈章跃, 王勇, 刘华明. 考虑顾客策略行为和产品质量的闭环供应链决策模型[J]. 中国管理科学, 2016, 24(3): 109-116.

[90] 牛文举, 夏晶, 汤伟, 等. 市场竞争中具溢出效应共同供应商质量投资策略[J]. 管理工程学报, 2017, 31(2): 222-232.

[91] 朱立龙, 于涛, 夏同水. 创新驱动下三级供应链分销渠道产品质量控制策略研究[J]. 系统工程理论与实践, 2014, 34(8): 1986-1997.

[92] 但斌, 伏红勇, 徐广业, 等. 考虑天气与努力水平共同影响产量及质量的农产品供应链协调[J]. 系统工程理论与实践, 2013, 33(9): 2229-2238.

[93] 肖迪, 潘可文. 基于收益共享契约的供应链质量控制与协调机制[J]. 中国管理科学, 2012, 20(4): 67-73.

[94] 谢家平, 迟琳娜, 梁玲. 基于产品质量内生的制造/再制造最优生产决策[J]. 管理科学学报, 2012, 15(8): 12-23.

[95] LIU S, SO K C, ZHANG F. Effect of supply reliability in a retail setting with joint marketing and inventory decisions[J]. Manufacturing & Service Operations Management. 2010, 12(1):19-32.

[96] SANA S S. Optimal contract strategies for two stage supply chain[J]. Economic Modelling. 2013, 30:253-260.

[97] CÁRDENAS-BARRÓN L E, SANA S S. Multi-item EOQ inventory model in a two-layer supply chain while demand varies with promotional effort[J]. Applied Mathematical Modelling, 2015, 39(21): 6725-6737.

[98] SAYADI M K, MAKUI A. Feedback Nash equilibrium for dynamic brand and channel advertising in dual channel supply chain[J]. Journal of Optimization Theory and Applications, 2014, 161(3): 1012-1021.

[99] TAYLOR T A. Supply chain coordination under channel rebates with sales effort effects[J]. Management science, 2002, 48(8): 992-1007.

[100] YUE J, AUSTIN J, HUANG Z, et al. Pricing and advertisement in a manufacturer–retailer supply chain[J]. European Journal of Operational Research, 2013, 231(2): 492-502.

[101] 徐最, 朱道立, 朱文贵. 销售努力水平影响需求情况下的供应链回购契约[J]. 系统工程理论与实践, 2008, 28(4): 1-11.

[102] 侯玉梅, 田歆, 马利军, 等. 基于供应商促销与销售努力的供应链协同决策[J]. 系统工程理论与实践, 2013, 33(12): 3087-3094.

[103] 孟卫东, 代建生, 熊维勤, 等. 基于纳什谈判的供应商-销售商联合促销线性合约设计[J]. 系统工程理论与实践, 2013, 33(4): 870-877.

[104] 陈国鹏, 张旭梅, 肖剑. 在线渠道折扣促销下的双渠道供应链合作广告协调研究[J]. 管理工程学报, 2016, 30(4): 203-209.

[105] 游达明, 朱桂菊. 低碳供应链生态研发, 合作促销与定价的微分博弈分析[J]. 控制与决策, 2016, 31(6): 1047-1056.

[106] MA P, WANG H, SHANG J. Supply chain channel strategies with quality and marketing effort-dependent demand[J]. International Journal of Production Economics, 2013, 144(2): 572-581.

[107] SONG J, LI F, WU D D, et al. Supply chain coordination through integration of innovation effort and advertising support[J]. Applied Mathematical Modelling, 2017, 49: 108-123.

[108] GURNANI H, ERKOC M, LUO Y. Impact of product pricing and timing of investment decisions on supply chain co-opetition[J]. European Journal of Operational Research, 2007, 180(1): 228-248.

[109] 何娟, 黄福友, 黄福玲. 考虑风险规避与质量和服务水平的VMI供应链期权协调策略[J]. 控制与决策, 2018, 33(10): 1833-1840.

[110] 石岿然, 盛昭瀚, 马胡杰. 双边不确定性条件下制造商质量投资与零售商销售努力决策[J]. 中国管理科学, 2014, 22(1): 37-44.

[111] INDERFURTH K, VOGELGESANG S. Concepts for safety stock determination under stochastic demand and different types of random production yield[J]. European Journal of Operational Research, 2013, 224(2): 293-301.

[112] HAN G, DONG M, SHAO X. Yield management with downward substitution and uncertainty demand in semiconductor manufacturing[J]. International Journal of Production Research, 2012, 50(3): 743-756.

[113] LI X, LI Y, CAI X. Double marginalization and coordination in the supply chain with uncertain supply[J]. European Journal of Operational Research, 2013, 226(2): 228-236.

[114] HE Y, ZHAO X. Contracts and coordination: Supply chains with uncertain demand and supply[J]. Naval Research Logistics, 2016, 63(4): 305-319.

[115] YANG S, YANG J, ABDEL-MALEK L. Sourcing with random yields and stochastic demand: A newsvendor approach[J]. Computers & operations research, 2007, 34(12): 3682-3690.

[116] KAZAZ B, WEBSTER S. The impact of yield-dependent trading costs on pricing and production planning under supply uncertainty[J]. Manufacturing & Service Operations Management, 2011, 13(3): 404-417.

[117] HE Y, ZHANG J. Random yield risk sharing in a two-level supply chain[J]. International Journal of Production Economics, 2008, 112(2): 769-781.

[118] HE Y, ZHAO X. Coordination in multi-echelon supply chain under supply and demand uncertainty[J]. International Journal of Production Economics, 2012, 139(1): 106-115.

[119] CHEN K, YANG L. Random yield and coordination mechanisms of a supply chain with emergency backup sourcing[J]. International Journal of Production Research, 2014, 52(16): 4747-4767.

[120] HU F, LIM C C, Lu Z. Coordination of supply chains with a flexible ordering policy under yield and demand uncertainty[J]. International Journal of Production Economics, 2013, 146(2): 686-693.

[121] GURNANI H, GERCHAK Y. Coordination in decentralized assembly systems with uncertain component yields[J]. European Journal of Operational Research, 2007, 176(3): 1559-1576.

[122] GÜLER M G, BILGIÇ T. On coordinating an assembly system under random yield and random demand[J]. European Journal of Operational Research, 2009, 196(1): 342-350.

[123] 凌六一, 郭晓龙, 胡中菊, 等. 基于随机产出与随机需求的农产品供应链风险共担合同[J]. 中国管理科学, 2013, 21(2): 50-57.

[124] 冯颖, 余云龙, 张炎治, 等. 随机产出与随机需求下 TPL 介入的农产品供应链协调[J]. 管理工程学报, 2017, 31(4): 156-163.

[125] 马利军, 葛羊亮, 薛巍立, 等. 不确定环境下损失厌恶零售商的提前支付决策[J]. 系统工程理论与实践, 2015, 35(2): 315-323.

[126] 高佳, 王旭. 供需同时不确定关系型供应链契约设计与决策[J]. 中国管理科学, 2016 24(12): 127-138.

[127] 王丽梅, 姚忠, 刘鲁. 现货供应不确定下的优化采购策略研究[J]. 管理科学学报, 2011, 14(4): 24-35.

[128] 于建红, 马士华, 周奇超. 供需不确定下基于 MOI 和 VMI 模式的供应链协同比较研究[J]. 中国管理科学, 2012, 20(5): 64-74.

[129] 赵霞, 吴方卫, 蔡荣. 随机产出与需求下二级供应链协调合同研究[J]. 管理科学学报, 2014, 17(8): 34-47.

[130] 张文杰, 骆建文. 随机产出随机需求下的供应链期权契约模型[J]. 管理工程学报, 2016,30 (3): 121-128.

[131] SCHWEITZER M E, CACHON G P. Decision bias in the newsvendor problem with a known demand distribution: Experimental evidence[J]. Management Science, 2000, 46(3): 404-420.

[132] HO T H, ZHANG J. Designing pricing contracts for boundedly rational customers: Does the framing of the fixed fee matter?[J]. Management Science, 2008, 54(4): 686-700.

[133] FENG T, KELLER L R, ZHENG X. Decision making in the newsvendor problem: A cross-national laboratory study[J]. Omega, 2011, 39(1): 41-50.

[134] DAVIS A M, KATOK E, SANTAMARÍA N. Push, pull, or both? A behavioral study of how the allocation of inventory risk affects channel efficiency[J]. Management Science, 2014, 60(11): 2666-2683.

[135] BECKER-PETH M, THONEMANN U W. Reference points in revenue

sharing contracts—How to design optimal supply chain contracts[J]. European Journal of Operational Research, 2016, 249(3): 1033-1049.

[136] HO T H, LIM N, CUI T H. Reference dependence in multilocation newsvendor models: A structural analysis[J]. Management Science, 2010, 56(11): 1891-1910.

[137] AGRAWAL V, SESHADRI S. Impact of uncertainty and risk aversion on price and order quantity in the newsvendor problem[J]. Manufacturing & Service Operations Management, 2000, 2(4): 410-423.

[138] WU J, LI J, WANG S, et al. Mean–variance analysis of the newsvendor model with stockout cost[J]. Omega, 2009, 37(3): 724-730.

[139] ÖZLER A, TAN B, KARAESMEN F. Multi-product newsvendor problem with value-at-risk considerations[J]. International Journal of Production Economics, 2009, 117(2): 244-255.

[140] CHEN Y, XU M, ZHANG Z G. Technical note—A risk-averse newsvendor model under the CVaR criterion[J]. Operations research, 2009, 57(4): 1040-1044.

[141] YANG L, XU M, YU G, et al. Supply chain coordination with CVaR criterion[J]. Asia-Pacific Journal of Operational Research, 2009, 26(01): 135-160.

[142] HSIEH C C, LU Y T. Manufacturer's return policy in a two-stage supply chain with two risk-averse retailers and random demand[J]. European Journal of Operational Research, 2010, 207(1): 514-523.

[143] QIU R, SHANG J, HUANG X. Robust inventory decision under distribution uncertainty: A CVaR-based optimization approach[J]. International Journal of Production Economics. 2014, 153:13-23.

[144] XUE W, MA L, SHEN H. Optimal inventory and hedging decisions with CVaR consideration[J]. International Journal of Production Economics. 2015, 162: 70-82.

[145] 代建生, 孟卫东. 基于 CVaR 的供应链联合促销的回购契约协调研究[J]. 中国管理科学, 2014, 22(7): 43-51.

[146] 李绩才, 周永务, 钟远光. 基于 CVaR 准则的 Newsboy 型商品最优广告费用与订货策略[J]. 系统工程理论与实践, 2012, 32(4): 776-783.

[147] 林强, 叶飞, 陈晓明. 随机弹性需求条件下基于 CVaR 与收益共享契约的供应链决策模型[J]. 系统工程理论与实践, 2011, 31(12): 2296-2307.

[148] 王新辉, 汪贤裕. 考虑销售商风险规避的双边信息不对称的供应链协调[J]. 中国管理科学, 2015, 23(3): 97-107.

[149] 简惠云, 许民利. 基于 CVaR 的供应链契约及其实验研究[J]. 管理科学学报, 2015, 18(10): 56-68.

[150] 陈宇科, 熊龙, 董景荣. 基于均值-CVaR 的闭环供应链协调机制[J]. 中国管理科学, 2017, 25(2): 68-77.

[151] 李荣, 刘露. Mean-CVaR 准则下延期支付供应链决策与协调[J]. 系统工程学报, 2017, 32(3): 370-384.

[152] KAHNEMAN D, TVERSKY A. Prospect theory: An analysis of decision under risk[J]. Econometrica, 1979, 47(2): 263-292.

[153] WANG C X, WEBSTER S. The loss-averse newsvendor problem[J]. Omega, 2009, 37(1): 93-105.

[154] WANG C X. The loss-averse newsvendor game[J]. International Journal of Production Economics, 2010, 124(2): 448-452.

[155] WANG C X, WEBSTER S. Channel coordination for a supply chain with a risk-neutral manufacturer and a loss-averse retailer[J]. Decision Sciences, 2007, 38(3): 361-389.

[156] DENG X, XIE J, XIONG H. Manufacturer–retailer contracting with asymmetric information on retailer's degree of loss aversion[J]. International Journal of Production Economics, 2013, 142(2): 372-380.

[157] MA L, ZHAO Y, XUE W, et al. Loss-averse newsvendor model with two ordering opportunities and market information updating[J]. International

Journal of Production Economics, 2012, 140(2): 912-921.

[158] LIU W, SONG S, WU C. Impact of loss aversion on the newsvendor game with product substitution[J]. International Journal of Production Economics. 2013, 141(1):352-359.

[159] 孙玉玲, 石岿然, 张琳. 库存能力约束下损失规避型零售商的鲜活农产品订货决策[J]. 系统工程理论与实践, 2013, 33(12): 3020-3027.

[160] 张桂涛, 胡劲松, 孙浩, 等. 考虑损失规避零售商的多期多产品供应链网络均衡[J]. 中国管理科学, 2015, 23(6): 73-82.

[161] 顾波军, 张祥. 风险中性供应商与损失规避零售商基于收益共享契约的供应链协调[J]. 系统管理学报, 2016, 25(1): 67-74.

[162] 曲优, 关志民, 邱若臻, 等. 公平关切与损失规避对混合双渠道供应链订货策略的影响[J]. 管理学报, 2017, 14(1): 129-138.

[163] GEYLANI T, DUKES A J, SRINIVASAN K. Strategic manufacturer response to a dominant retailer[J]. Marketing Science, 2007, 26(2): 164-178.

[164] NAGALI V, HWANG J, SANGHERA D, et al. Procurement risk management (PRM) at Hewlett-Packard company[J]. Interfaces, 2008, 38(1): 51-60.

[165] CHEN X, HAO G, LI L. Channel coordination with a loss-averse retailer and option contracts[J]. International Journal of Production Economics, 2014, 150: 52-57.

[166] XU G, DAN B, ZHANG X, et al. Coordinating a dual-channel supply chain with risk-averse under a two-way revenue sharing contract[J]. International Journal of Production Economics, 2014, 147: 171-179.

[167] RAVINDRAN A R, UFUK BILSEL R, WADHWA V, et al. Risk adjusted multicriteria supplier selection models with applications[J]. International Journal of Production Research, 2010, 48(2): 405-424.

[168] DAI J, MENG W. A risk-averse newsvendor model under marketing-dependency and price-dependency[J]. International Journal of Production Economics, 2015, 160: 220-229.

[169] LI B, CHEN P, LI Q, et al. Dual-channel supply chain pricing decisions with a risk-averse retailer[J]. International Journal of Production Research, 2014, 52(23): 7132-7147.

[170] WU M, ZHU S X, TEUNTER R H. A risk-averse competitive newsvendor problem under the CVaR criterion[J]. International Journal of Production Economics, 2014, 156: 13-23.

[171] ROCKAFELLAR R T, URYASEV S. Conditional value-at-risk for general loss distributions[J]. Journal of banking & finance, 2002, 26(7): 1443-1471.

[172] ROCKAFELLAR R T, URYASEV S. Optimization of conditional value-at-risk[J]. Journal of risk, 2000, 29(1), 1071-1074.

[173] ROCKAFELLAR R T, ROYSET J O. Superquantile/CVaR risk measures: Second-order theory[J]. Annals of Operations Research, 2018, 262(1): 3-28.

[174] ESKANDARZADEH S, ESHGHI K, BAHRAMGIRI M. Risk shaping in production planning problem with pricing under random yield[J]. European Journal of Operational Research, 2016, 253(1): 108-120.

[175] FAGHIH-ROOHI S, ONG Y S, ASIAN S, et al. Dynamic conditional value-at-risk model for routing and scheduling of hazardous material transportation networks[J]. Annals of Operations Research, 2016, 247(2): 715-734.

[176] CHANG Z, SONG S, ZHANG Y, et al. Distributionally robust single machine scheduling with risk aversion[J]. European Journal of Operational Research, 2017, 256(1): 261-274.

[177] SHARMA A, MEHRA A. Extended omega ratio optimization for risk-averse investors[J]. International Transactions in Operational Research, 2017, 24(3): 485-506.

[178] TAYLOR T A. Sale timing in a supply chain: When to sell to the retailer[J]. Manufacturing & Service Operations Management, 2006, 8(1): 23-42.

[179] LAU H S, SU C, WANG Y Y, et al. Volume discounting coordinates a supply chain effectively when demand is sensitive to both price and sales effort[J].

Computers & Operations Research, 2012, 39(12): 3267-3280.

[180] SAYADI M K, MAKUI A. Optimal advertising decisions for promoting retail and online channels in a dynamic framework[J]. International Transactions in Operational Research, 2014, 21(5): 777-796.

[181] PAL B, SANA S S, CHAUDHURI K. Two-echelon manufacturer-retailer supply chain strategies with price, quality, and promotional effort sensitive demand[J]. International Transactions in Operational Research, 2015, 22(6): 1071-1095.

[182] KRISHNAN H, KAPUSCINSKI R, BUTZ D A. Coordinating Contracts for Decentralized Supply Chains with Retailer Promotional Effort[J]. Management Science. 2004, 50(1):48-63.

[183] KUNTER M. Coordination via cost and revenue sharing in manufacturer retailer channels[J]. European Journal of Operational Research. 2012, 216(2): 477-486.

[184] 代建生, 孟卫东. 风险规避下具有促销效应的收益共享契约[J]. 管理科学学报, 2014, 17(5): 25-34.

[185] HE Y, ZHAO X, ZHAO L, et al. Coordinating a supply chain with effort and price dependent stochastic demand[J]. Applied Mathematical Modelling, 2009, 33(6): 2777-2790.

[186] WALLER M, JOHNSON M E, DAVIS T. Vendor-managed inventory in the retail supply chain[J]. Journal of business logistics, 1999, 20(1): 183.

[187] HARIGA M, GUMUS M, DAGHFOUS A. Storage constrained vendor managed inventory models with unequal shipment frequencies[J]. Omega, 2014, 48(10): 94-106.

[188] MISHRA B K, RAGHUNATHAN S. Retailer-vs. vendor-managed inventory and brand competition[J]. Management Science, 2004, 50(4): 445-457.

[189] XU K, LEUNG M T. Stocking policy in a two-party vendor managed channel with space restrictions[J]. International Journal of Production Economics,

2009, 117(2): 271-285.

[190] BOOKBINDER J H, GÜMÜŞ M, JEWKES E M. Calculating the benefits of vendor managed inventory in a manufacturer-retailer system[J]. International Journal of Production Research, 2010, 48(19): 5549-5571.

[191] DONG Y, DRESNER M, YAO Y. Beyond information sharing: An empirical analysis of vendor-managed inventory[J]. Production and Operations Management, 2014, 23(5):817-828.

[192] YU Y, CHU F, CHEN H. A Stackelberg game and its improvement in a VMI system with a manufacturing vendor[J]. European Journal of Operational Research, 2009, 192(3): 929-948.

[193] NIKNAMFAR A H. Multi-objective production-distribution planning based on vendor-managed inventory strategy in a supply chain[J]. Industrial Management & Data Systems, 2015, 115(6): 1086-1112.

[194] LEE J Y, CHO R K, PAIK S K. Supply chain coordination in vendor-managed inventory systems with stockout-cost sharing under limited storage capacity[J]. European Journal of Operational Research, 2016, 248(1): 95-106.

[195] GANS N. Customer loyalty and supplier quality competition[J]. Management Science, 2002, 48(2): 207-221.

[196] REN Z J, ZHOU Y P. Call center outsourcing: Coordinating staffing level and service quality[J]. Management Science, 2008, 54(2): 369-383.

[197] XIE G, WANG S, LAI K K. Quality improvement in competing supply chains[J]. International Journal of Production Economics, 2011, 134(1): 262-270.

[198] BANKER R D, KHOSLA I, SINHA K K. Quality and competition[J]. Management science, 1998, 44(9): 1179-1192.

[199] EL OUARDIGHI F, KIM B. Supply quality management with wholesale price and revenue-sharing contracts under horizontal competition[J]. European Journal of Operational Research, 2010, 206(2): 329-340.

[200] YE G, MUKHOPADHYAY S K. Role of demand-side strategy in quality competition[J]. International Journal of Production Economics, 2013, 145(2): 696-701.

[201] HALL J, PORTEUS E. Customer service competition in capacitated systems[J]. Manufacturing & Service Operations Management, 2000, 2(2): 144-165.

[202] 鲁其辉, 朱道立. 质量与价格竞争供应链的均衡与协调策略研究[J]. 管理科学学报, 2009, 12(3):56-64.

[203] 肖迪, 袁敬霞, 包兴. 质量与价格双重竞争情景下的供应链协调策略分析[J]. 中国管理科学, 2013, 21(4):82-88.

[204] 张国兴, 方帅, 汪应洛. 考虑商品三重竞争的均衡与协调策略研究[J]. 管理科学学报, 2015, 18(11): 13-24.

[205] LIN Y T, PARLAKTÜRK A K, SWAMINATHAN J M. Vertical Integration under Competition: Forward, Backward, or No Integration?[J]. Production & Operations Management, 2014, 23(1):19-35.

[206] CHAKRABORTY T, CHAUHAN S S, VIDYARTHI N. Coordination and competition in a common retailer channel: Wholesale price versus revenue-sharing mechanisms[J]. International Journal of Production Economics, 2015, 166:103-118.

[207] BECKER-PETH M, KATOK E, THONEMANN U W. Designing buyback contracts for irrational but predictable newsvendors[J]. Management Science, 2013, 59(8): 1800-1816.

[208] WANG C X. Random yield and uncertain demand in decentralised supply chains under the traditional and VMI arrangements[J]. International Journal of Production Research, 2009, 47(7):1955-1968.

[209] LEE H L, YANO C A. Production Control in Multistage Systems with Variable Yield Losses[J]. Operations Research, 1988, 36(2):269-278.